Britta von der Linden

Ruhestand ist nichts für Anfänger

Britta von der Linden

Ruhestand ist nichts für Anfänger

Tipps und Empfehlungen
für Ihre spannende Zeit nach dem Berufsleben

Telemach -Verlag

Bibliografische Information der Deutschen Nationalbibliothek
Die Deutsche Nationalbibliothek verzeichnet diese Publikation in der Deutschen Nationalbibliografie; detaillierte bibliografische Daten sind im Internet über http://dnb.d-nb.de abrufbar.

1. Auflage

Königsberger Str. 16, 55218 Ingelheim am Rhein

Lektorat: Sarah Küper, Herten
Umschlaggestaltung: Nadine Nagel, Mainz
Coverfoto: Ann Sophie Detje, Gelsenkirchen
Autorenfoto: Andreas Salmon, Neuss
Satz und Layout: Sarah Küper, Herten
Druck und Bindung: MCP, Marki, Polen

ISBN: 978-3-98641-012-4

www.telemach-verlag.de

Vorwort

Liebevoll und freundlich, so mag es sich lesen – doch die Botschaft ist deutlich: Ein unvorbereiteter Ruhestand kann zum Fallstrick werden.

Ganz wie Cicely Saunders sagt, »können wir dem Leben nicht mehr Tage geben, aber den Tagen mehr Leben.«

Obwohl ein Großteil der Menschheit weiß, dass die Lebenslänge ungewiss ist, leben viele Menschen so, als gäbe es diese Unendlichkeit. So wie es nach meinem Verständnis Ehrfurcht, Freude, Hingabe und Liebe braucht, um intensiv und bewusst durch das Leben zu gehen, so teile ich die Ansicht der Autorin, dass ein Ruhestand gut vorbereitet sein sollte. Denn eine ehrliche Vorbereitung ermöglicht die aktive Gestaltung einer neuen Phase im Leben, die den bisherigen Lebensweg würdigen soll und kann.

Es ehrt mich in besonderer Weise, dass ich das Vorwort für dieses besondere Buch schreiben darf, von dem ich hoffe, dass es vielen Menschen die relevanten Impulse gibt, bewusst und vorbereitet in das letzte und vorletzte Kapitel des Lebens zu gehen.

Ich selbst bin ausgebildete Altenpflegerin und habe mehr als 15 Jahre alte und sehr alte Menschen auf ihren letzten Tagen, Wochen und Monaten begleitet und darf sagen, dass ich um die Kostbarkeit eines bewussten Alters weiß. So viele alte Menschen werden vom Alter mit seinen Facetten wie Krankheit und Einschränkungen überrollt und finden sich dann in

Situationen wieder, die bei besserer Voraussicht vermeidbar gewesen wären. Weitsicht, Prophylaxe in vielfacher Hinsicht und Vorausschau können das Alter attraktiv machen. Und andere wiederum genießen das Glück, integer und zufrieden zu altern und den Lebensabend bewusst zu verbringen.

Britta von der Linden lädt ein, genau diese Vorbereitung mit Weitsicht und Sorgfalt zu machen. Ihr eigener Lebensweg mit all seinen Erfahrungen gibt ihr ebenso das Mandat für dieses Buch wie ihre Fachexpertise. Ich wünsche diesem Buch viele neugierige Leser und Leserinnen, die den Mut haben, sich diesem Thema zu stellen.

Erlauben Sie mir eine Geschichte, die mich nach wie vor sehr bewegt hat. In einem Berliner Krankenhaus durfte ich eine 90-jährige Patientin begleiten, die sich ihrer Endlichkeit sehr bewusst war. Dies wurde in den vielfältigen Gesprächen und Begegnungsmomenten schnell klar. Als ich sie ein paar Tage begleitet hatte, beeindruckte sie mich mit ihrer Klarheit hinsichtlich ihrer gesundheitlichen Situation und der Erkenntnis, dass sie nicht mehr lange leben wird.

Vor 90 Lebensjahren zog ich schon immer meinen Hut, doch sie rückte meine Weltsicht als Altenpflegerin doch noch einmal gehörig zurecht: An einem der Nachmittage bereitete sie sich auf den Besuch ihres Mannes vor. Ich unterstütze sie dabei, sich zurecht zu machen und durfte somit an ihrer liebevollen Vorfreude teilhaben. Ein wenig naiv und auch unüberlegt sprach ich sie auf ihren Mann an. In meinen unreflektierten Sätzen ging ich davon aus, dass sie schon »ewig«

zusammen sind - wohl hatte ich da meine Großeltern mit ihrer goldenen Hochzeit im Kopf. »Mein Mann und ich sind schon 30 Jahre zusammen!«, erzählte sie mir freudig und auch stolz. »Wir haben uns kennen gelernt, da war ich gerade 60 Jahre alt. Und jetzt sind wir schon 30 Jahre verheiratet.«

Ich staunte bei der Erkenntnis, dass sie mit 60 Jahren noch einmal einen ganz neuen Lebensabschnitt für sich erlebte. Damals war ich 31 Jahre alt und hatte ein ganz anderes Zeitgefühl für 30 Jahre und ließ mein Staunen zu, im Alter ein neues Kapitel des Lebens aufzuschlagen.

Mögen Sie, liebe Leserin und lieber Leser, ein neues Kapitel aufschlagen können.

Das gelebte Leben ist der beste Lehrmeister. Denn nur wir selbst können die zentralen Erkenntnisse aus dem bisherigen Leben ziehen, sodass wir mit dem Bewusstsein darüber in das Jetzt und die Gegenwart blicken können. Ein reichhaltiges Leben und ein reichhaltiges Alter sind möglich, wenn wir uns intensiv damit beschäftigen. Dieses Buch ist der Schlüssel dazu.

Barbara Messer

exam. Altenpflegerin,
Coach & Autorin

Inhaltsverzeichnis

Einleitung

Wir bereiten uns auf alles vor: Wir werden auf die Grundschule vorbereitet, auf die weiterführende Schule, das Studium, auf – ja vielfach sogar noch die Ehe, auf die Geburt unseres Kindes, alle möglichen Prüfungen, ... die Liste ist vielfältig. Doch wenn wir über jenen Abschnitt unseres Lebens sprechen, der – im besten Fall – der längste unseres Lebens ist, lassen wir uns in der Regel treiben. Und das, obwohl wir in diesem Lebensabschnitt vom Grundsatz her eigentlich - und ich schreibe ganz bewusst eigentlich - unsere Zeit so gestalten können, wie wir wollen. Es wird schon alles ins Lot kommen. Was soll schon großartig passieren?

Reden wir über die Vorbereitung auf den Ruhestand, meinen wir meistens die finanzielle Vorsorge. Ja, das ist ein wichtiges Thema, aber bei Weitem nicht alles. Ich gehe in diesem Buch auf eine große Bandbreite an wichtigen Themen für den Ruhestand ein und klammere dabei ganz bewusst den Aspekt der finanziellen Vorsorge aus. Dafür gibt es zwei Gründe: Zum einen gibt es dafür absolute Profis, die Ihnen profunde Informationen liefern können. Zum anderen wäre es auch zu spät, sich erst jetzt um die Altersvorsorge zu kümmern, wenn Sie dieses Buch in Händen halten, weil Sie kurz vor Ihrem Ruhestand stehen oder sich bereits mittendrin befinden. Sollten Sie dennoch zu diesem Thema weiterführende Informationen suchen, sprechen Sie am besten mit dem Bankberater Ihres Vertrauens.

Meist haben wir Pläne, die schon lange in unserem Kopf kursieren: »Das mache ich, wenn ich im Ruhestand bin«, höre ich häufig von Freunden, die sich in dieser Situation befinden. Pläne oder Ziele zu haben, ist in jedem Alter gut und hilfreich. Keine Frage. Doch was passiert, wenn wir diese Ziele oder Pläne nicht verwirklichen können? Wenn uns das Leben den berühmten Strich durch die Rechnung macht und alles ganz anders kommt?

Aus meiner eigenen Erfahrung als Partnerin eines mittlerweile langjährigen Ruheständlers weiß ich, dass so viel passieren kann, mit dem wir im Vorfeld niemals gerechnet hätten beziehungsweise haben.

Mein Mann Jürgen ist 20 Jahre älter als ich, und wir hatten einen Plan. Wir beabsichtigten, in der Alters-Konstellation 60 und 40 Jahre aus dem Berufsleben auszusteigen. Eigentlich war auch finanziell alles darauf ausgerichtet. Wir wollten unsere hoffentlich lange gemeinsame Zeit so richtig genießen. Seine beiden Söhne wären zu dem Zeitpunkt so gut wie aus dem Haus, und einen Hund, um den wir uns kümmern mussten, hatten wir zu diesem Zeitpunkt auch nicht mehr. Der Weg wäre frei gewesen für ein selbstbestimmtes Leben ohne Arbeitgeber.

Doch es kam anders, welch eine Überraschung. An einem Tag im März 2002 bekam Jürgen, damals gerade 56, erfolgreiche Führungskraft in einem großen deutschen Konzern, dessen Dienstausweis auch ich hatte, von heute auf morgen mitgeteilt, er hätte nun zwei Möglichkeiten: Entweder, er ginge ab sofort in die Altersteilzeit oder er könne alternativ auch gerne einen Aufhebungsvertrag wählen. Natürlich auch per sofort.

Oh Schreck! Damit hatten wir beide nicht gerechnet. Das Unternehmen bzw. die Verantwortlichen gaben ihm genau 14 Tage, um sich zu entscheiden. Unter uns gesagt: Das ist nicht lange. Wir vereinbarten schleunigst einen Termin beim Steuerberater, spielten das Für und Wider beider Szenarien durch und nicht zu vergessen: die Schockstarre: »Man will mich loswerden«, »Ich werde nicht mehr gebraucht.« Und dann kam noch die Frage: »Was wird aus unseren Plänen?«

Wir haben uns gemeinsam für die Altersteilzeit entschieden. Jürgen bekam für die letzten gut 2,5 Jahre noch einen neuen Job in einem Team mit zwei Kollegen, die in der gleichen Situation waren wie er. Die drei sollten die Ausbildung des Deutschland-Vertriebs überarbeiten, neu aufstellen und dabei ihre Erfahrungen mit einbringen. Der Job hatte ihn gefordert, ihm gleichermaßen aber auch sehr viel Spaß bereitet. Umso schwieriger wurde dann letztendlich der Abschied.

Auch für uns als Paar begann eine spannende Zeit, denn ich war ja noch weiterhin im gleichen Unternehmen angestellt. Der Plan, mich selbstständig zu machen, reifte zwar schon länger, doch nicht nur ich trauerte unserem Ursprungsplan »Projekt 60/40« hinterher. Der war mit dieser neuen Situation nämlich leider hinfällig.

So geschah es, dass wir beide auf Jürgens Ruhestand letztlich vollkommen unvorbereitet waren. Zum einen, weil unsere Jobs beide sehr zeitintensiv waren, aber auch, weil wir uns einfach keine Gedanken über die neue Situation des bevorstehenden Ruhestands gemacht hatten.

Ja klar, er blieb zu Hause, ich ging arbeiten. Das stand fest, aber damit hatte es sich auch schon. Endlich konnte er sich seinen Hobbys so widmen, wie er es gerne wollte und zu denen er bislang nicht die nötige Zeit gefunden hatte. Stundenlange Touren mit dem Motorrad oder mal zu Zeiten auf den Golfplatz zu gehen, wenn dieser nicht überfüllt war. Zugegebenermaßen empfand ich das ein oder andere Mal einen minimalen Anflug von Neid, hatte ich doch nach wie vor einen Beruf, in dem meine Arbeitszeit eigentlich mittwochs schon für die ganze Woche gereicht hätte, aber selbst den Samstag miteinschloss.

Was machte ich? Die berühmte To-do-Liste für Jürgen natürlich. Am liebsten würde ich hier die sich vor Lachen kugelnden Smileys einfügen. Ich glaube, die Liste hat er immer noch nicht abgearbeitet. Ein Zeichen dafür, wie wichtig alles war, was draufstand! Manches habe ich selbst erledigt.

To-do-Liste:

- Keller aufräumen
- Garage aufräumen
- Motorräder putzen
- Autos von innen gründlich reinigen
- Golf-Sets reinigen
- Bilder sortieren und einkleben
    - Asien
    - Hochzeit / Polterabend

- Abschied
- Wanderfahrten

…

Was nicht nur für Jürgen eine große Freude war, war die Geburt unserer ersten Enkeltochter und 20 Monate später die von Enkelin Nr. 2, mittlerweile sind es insgesamt sieben. Bei den beiden Ältesten war er sehr aktiv als Babysitter engagiert und hatte es sehr genossen, die beiden Mädels aufwachsen zu sehen. Etwas, das, wie bei vielen anderen Männern auch, bei den eigenen Kindern oft jobbedingt häufig sehr kurz gekommen ist.

Es gab auch viele andere Dinge, an die wir vorher nicht im Traum gedacht hatten oder besser: Die wir für uns nicht in Betracht gezogen hatten. Krankheiten zum Beispiel, und ich meine damit keine Erkältung oder die Kinder und Enkel, die auf einmal weit wegzogen. Ja, auch eine vorübergehende Trennung voneinander.

Man kann sich logischerweise nicht auf alles vorbereiten, jedoch haben wir aus diesen Erfahrungen viel gelernt. Auf viele Dinge hätten wir beide gerne verzichtet, manche Erfahrung war wichtig, wenngleich mit hohem Einsatz.

Warum ich mit diesen doch persönlichen Worten in dieses Buch starte? In meinen Seminaren und Coachings stelle ich immer wieder fest, dass viele dieser Themen häufig als unbewusst schlummernde Ängste meine Teilnehmer und Teilnehmerinnen richtiggehend blockieren. Und oft aus Scham auch tabuisiert werden. Ich möchte Ihnen mit dieser Offenheit zeigen und Sie auch dazu ermuntern, dass es wert ist, sich Gedanken zu den unterschiedlichen Themen zu machen, aber auch die eigenen Gedanken und Gefühle dazu zuzulassen.

Übrigens: Haben die Buchstaben des Wortes RENTE schon einmal neu sortiert? Es ergibt das Wort ERNTE!

> **Tipp:**
> Wenn Sie als Paar Ihren Ruhestand beleuchten wollen, füllen Sie die Arbeitsblätter zunächst einzeln aus und besprechen Sie sie dann gemeinsam.

Damit Sie mit diesem Buch einen zusätzlichen Mehrwert erhalten, finden Sie unter dem Link: **www.brittavonderlinden.de/downloads** umfangreiche Checklisten und eine Eingaben-/Ausgaben-Tabelle zum aktiven Arbeiten an Ihren Themen.
Lassen Sie sich mitnehmen auf eine Reise durch die Themen des Ruhestands, damit Sie Ihren Ruhestand so erfüllt gestalten können, wie Sie es sich verdient haben.

Herzlichst
Ihre
Britta von der Linden

Lassen Sie mich noch eine kurze Anmerkung zu den im Buch umgesetzten Geschlechterformen – das Gendern – hinzufügen. Da der Lesefluss durch die Form des Gendersternchens unterbrochen wird, habe ich mich dazu entschlossen, bevorzugt mal die eine und mal die andere Geschlechterform zu wählen. Selbstverständlich spreche ich in diesem Buch Menschen aller Geschlechter und Paarkonstellationen an, denn (nicht nur) das Thema »Ruhestand« betrifft jeden von uns und meine Wertschätzung gilt jedem/jeder Einzelnen meiner Leserschaft.

Weiterhin wurden alle hier beschriebenen Tipps und Anregungen mit großer Sorgfalt recherchiert und geprüft. Bitte verstehen Sie, dass weder ich, Britta von der Linden, als auch der Verlag trotzdem keinerlei Haftung für die Angaben in diesem Buch übernehmen können. Insbesondere die Tipps und Informationen rund um das Thema Gesundheit bzw. Ernährung im Alter ersetzen keine ärztliche Beratung und/oder Diagnose.

Kapitel 1
Die Relevanz des Themas

Während meiner Recherche zu diesem Buch habe ich Menschen durchaus sagen hören: »Wer braucht denn so ein Buch?« Das waren logischerweise auch nicht jene, die an meinen Seminaren oder Coachings teilgenommen hatten. Wer braucht denn so etwas? »Da gehst´e halt nicht mehr arbeiten und Punkt. Ich weiß mich schon zu beschäftigen.« Oder: »Da kann ich endlich tun und lassen, was ich möchte.« »Millionen andere sind doch schon vor mir in Rente gegangen, wieso soll ich mich denn darauf vorbereiten? Was soll da schon passieren?«

Ja, diese Reaktionen kann ich gut verstehen. Es gibt schließlich genügend Beispiele, bei denen der Ruhestand wie ein Wunschkonzert abläuft. Von außen betrachtet zumindest. Doch es gibt mindestens genauso viele, wenn nicht sogar eine viel größere Zahl von Menschen, die sich ihren Ruhestand ganz anders vorgestellt hatten. Dafür gibt es verschiedene Gründe. Darum gestatten Sie mir einen kurzen, etwas fachlicheren Exkurs in die Welt der psychischen Erkrankungen.

Wissen Sie, wie viele Menschen es im Rentenalter gibt, die an einer Altersdepression erkranken? Ein Tabu-Thema für viele. Depressionen werden häufig von denen, die nicht betroffen sind, bereits in jungen Jahren belächelt und im Alter schon gar nicht ernst genommen. Häufig werden sie auch wegen begleitender körperlicher Erkrankungen bzw. Symptome nicht erkannt. So zählen Depressionen zusammen mit der Demenz zu den häufigsten psychischen Erkrankungen im Alter. In der Altersgruppe der 70 bis 74-Jährigen tritt die Altersdepression bei 14 Prozent der Menschen auf, bei den über 80-Jährigen liegt die Quote sogar bei 42 Prozent. Frauen sind hier doppelt so häufig betroffen wie Männer. Von einer Altersdepression sprechen wir übrigens ab 60 Jahren.

Was den Ruhestand beeinflusst:

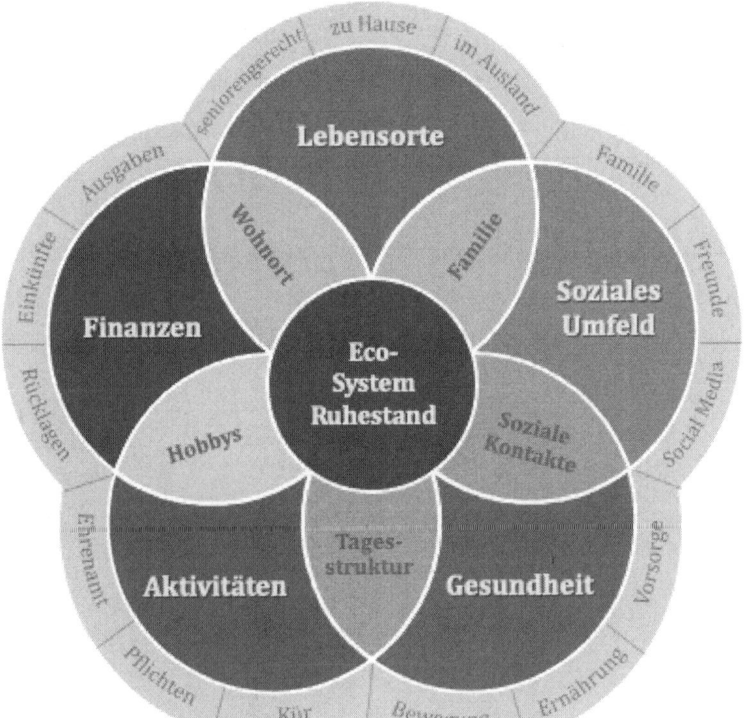

Abb. 1: Das ECO-System Ruhestand

Die Symptome unterscheiden sich nicht allzu sehr von der Depression in jüngeren Jahren. Doch wie bereits erwähnt, erscheinen uns manche Symptome als selbstverständlich, ja eben altersbedingt. Sicherlich gibt es Menschen, die ihre Antriebslosigkeit damit begründen, dass sie sich schließlich um nichts mehr kümmern müssen.

Natürlich gibt es auch andere. In einem Interview zu seinem 90-zigsten (!) Geburtstag sagte der bekannte Wiener Schauspieler Peter Weck: »Jetzt kommt die Zeit, wo ich mich gehen lassen kann.«[1] Wenn man ihn sich ansieht, den Grandseigneur des deutschsprachigen Films, frage sicherlich nicht nur ich mich, was genau das bei ihm bedeutet. Können Sie sich Peter Weck unrasiert und in Schlabberhosen, den ganzen Tag vor dem Fernseher sitzend und irgendein Trash-TV-Format konsumierend, vorstellen? Ohne Tagesstruktur und Plan? Doch genau dieses »sich gehen lassen« ist häufig bei älteren Menschen zu finden. Und nicht erst mit 90.

Bedrücktheit, Antriebslosigkeit, Unfähigkeit zur Freude, Hilf- und Hoffnungslosigkeit, Minderwertigkeitsgefühle, Schuldgefühle, mangelnde Konzentrationsfähigkeit, Reizbarkeit, Schlafstörungen, aber eben auch Suizidgedanken gehören unter anderem zu den psychischen Symptomen der Depression. Geht man noch einen Schritt weiter und betrachtet die Suizid-Zahlen, sind diese erschreckend hoch. Selbstverständlich erzeugt jeder Suizid, egal in welchem Alter, Betroffenheit.

---

1 Quelle: WAZ 11.08.2020, dpa

Mit dem Blick auf die Zahlen der Alten (Ü 60) und Hochbetagten (Ü 75) stellt sich dann die Frage, was die Menschen so sehr bewegt und zu einer so großen Verzweiflung führt, dass sie sich keinen anderen Ausweg mehr vorstellen können und sich das Leben nehmen.

Ein eigenes Beispiel:
Eine meiner Großtanten erkrankte in ihren frühen 80-zigern an Niereninsuffizienz. Das bedeutete, dass sie dreimal wöchentlich für fünf Stunden zur Blutwäsche an die Dialyse angeschlossen werden musste. Eine anstrengende, sehr einschränkende Angelegenheit. Es bedeutete nämlich auch, dass sie nicht mehr alles essen und trinken durfte, worauf sie Appetit hatte. Sie musste in der Zeit an der Dialyse zudem weitgehend regungslos liegenbleiben, damit das Blut gut durchlaufen konnte. Sie hat es lange mit stoischer Geduld ertragen, obwohl es nicht ihrem ansonsten recht quirligen Naturell entsprach.

Mit 88 Jahren wollte sie das alles nicht mehr. Sie war sich bewusst, wenn sie die Dialyse verweigert, würde sie innerhalb weniger Tage sterben, da der Körper nicht mehr entgiften konnte und sie sich somit selbst vergiftete. Nach vielen Gesprächen mit mir als ihrer engsten Vertrauten und den behandelnden Ärzten sowie einem abschließenden Konzil erhielt sie schlussendlich die Erlaubnis, nicht mehr zur Dialyse gehen zu müssen. Das klingt für Sie abstrakt? Ja, das ist es. Doch es ging letztendlich um einen begleiteten, selbst eingeleiteten Sterbevorgang. Es dauerte 9 Tage, bis ihr Körper seiner Vergiftung durch die fehlende Dialyse erlegen war. Insgesamt ist diese Entscheidung drei Jahre in ihr gereift, vom ersten Gespräch mit mir, dass ich – aus welcher Eingebung auch immer – dokumentiert hatte, bis zum abschließenden Konzil.

Bitte fragen Sie mich nicht, ob es für mich einfach war, diese Entscheidung mitzutragen, sie sogar ab einem bestimmten Punkt voranzutreiben. Ganz im Gegenteil. Diese drei Jahre, in denen ich immer wieder mit diesem Thema konfrontiert wurde, und insbesondere ihre Entscheidung in ihrem Sinne im finalen Konzil durchzubringen, hatte mich an den Rand meiner Kräfte gebracht. Es zerriss mich innerlich, bei den Ärzten dafür zu kämpfen, dass meine Tante sterben durfte. Dazu kam, mich nebenbei auch noch erklären zu müssen, dass ich keinen Vorteil aus dem Tod meiner Tante ziehen würde. Ja, auch solche Diskussionen stehen in einem solchen Fall an.

Warum ich diese Situation hier schildere? Egal, um welche Entscheidung es geht, die wir für Angehörige treffen sollen oder müssen: Sie fallen niemals leicht. Sie bedeuten für uns einen inneren Kampf, kosten unermesslich viel Kraft und verursachen in der Regel auch einen nicht unerheblichen Schmerz.

Ein vielfach zitierter Satz meiner Tante lautete: »Mein ganzes Geld nützt mir nichts, denn ich habe keine Gesundheit und keine Lebensqualität mehr.« Ihre körperlichen Erkrankungen (vor allem ihre Niereninsuffizienz) waren zusätzlich von einer Depression begleitet, die jedoch nicht behandelt bzw. nicht wahrgenommen wurde.

Ein Beispiel, welches deutlich macht, dass wir genau wissen, was wir tun, wenn wir im Alter eine solche Entscheidung treffen. Aber auch, wie sehr es uns trifft, unter Umständen eine solche Entscheidung mittragen zu müssen.

Zurück zur Depression. Was im Alter die Diagnose erschwert sind die körperlichen Symptome, die hier meist im Vordergrund stehen. Diese sind allerdings häufig psychosomatischen Ursprungs. Kopfschmerzen, Rücken- und Gliederschmerzen, Schwindelanfälle, Magen-Darmbeschwerden, Ohrgeräusche, Müdigkeit, Atemprobleme, »innere Unruhe«. Die Liste ist lang.

In der Regel beginnen die behandelnden Ärzte mit einer ausführlichen Diagnostik. Daran ist auch nichts auszusetzen. Aber umso weniger befriedigend für die Patienten ist dann die fehlende körperliche Diagnose. Schließlich hatten sie sich doch schnelle Hilfe durch Medikamente erhofft.

Sind eben diese Symptome nur Zeichen des Älterwerdens? Ja und Nein. Sicherlich schmerzen die Glieder mit zunehmendem Alter und auch Begleiterscheinungen wie beispielsweise Ohrgeräusche werden oft als Stresssymptom abgetan und eher einem früheren Lebensalter zugeordnet.

Es gibt viele Gründe für eine Altersdepression. So können hormonelle, medikamentöse, aber auch genetische Ursachen dafür verantwortlich sein. Außerdem können traumatische Erlebnisse – manchmal um Jahre zeitverzögert – eine Depression hervorrufen. Ebenfalls eine Herzinsuffizienz oder eine Operation am Herzen können die Ursache für Depressionen sein.

Dieses Buch soll kein Buch über (Alters-)Depressionen sein. Ich möchte auch nicht noch näher darauf eingehen.

Vielmehr sollen jene Punkte, auf die wir durch unser Verhalten Einfluss nehmen, im Vordergrund stehen. Vom Problem zur Lösung, wie man so schön sagt. Falls Sie weitere Informationen zum Thema »Depressionen im Alter« benötigen, informieren Sie sich bitte im Anhang unter »nützliche Links« und »Literaturempfehlungen«.

Stress und Überlastung sowie Verlusterlebnisse zählen zu jenen Ursachen, auf die wir – nicht nur im Alter – Einfluss nehmen können. Diese Erlebnisse können etwa bedingt durch mangelnde finanzielle Mittel in der Rente auftreten. Möglicherweise handelt es sich aber auch um fehlende soziale Anerkennung.

Zu den Verlusterlebnissen kann selbstverständlich der Verlust der Lebenspartnerin oder des Lebenspartners gehören, es kann aber auch der Verlust der sozialen Rolle sein. Der Vater oder die Mutter, die vom Kind nicht mehr gebraucht werden oder eine lange ausgeführte Tätigkeit, die nun wegfällt. Hierbei ist es unerheblich, ob es sich dabei um den Beruf, ein Ehrenamt oder etwas Vergleichbares handelt, das nicht mehr ausgeübt wird. Was wir hier erleben, ist der gleichzeitige Verlust von Struktur, Anerkennung, Lob, Vergnügen und, nicht zu vergessen und zu unterschätzen, unser Selbstwertgefühl. Das Gefühl, nicht mehr gebraucht zu werden, kann schlagartig dominieren.

An diesen Punkten zeigt sich die Relevanz dieses Buches. Sicherlich haben wir nicht alle eine Prädisposition, an einer Depression zu erkranken. Doch indem wir uns schon einmal damit beschäftigt haben, was sich im Ruhestand alles verändert und wie wir damit umgehen können, entwickeln wir in der Regel durchaus neue Handlungsspielräume und Wahlmöglichkeiten, um damit umzugehen.

Ein weiterer Punkt, der häufig in der Gesellschaft tabuisiert wird, sind Trennungen im Alter. Die Zahl der Scheidungen bei Paaren, die länger als 20 Jahre verheiratet sind, geht rapide nach oben. Nicht beziffert sind hier Trennungen unverheirateter Paare. Und mal ganz ehrlich, ich möchte nicht wissen, wie viele Paare rein aus finanzieller Notwendigkeit zusammenbleiben oder weil ihre Einstellung ihnen suggeriert, dass man sich nicht trennt. Oder »es jetzt auch egal ist, ob man noch zusammenbleibt oder nicht«. Vielleicht auch aus Status-Denken.

Ja, wir haben auch dazugehört. Vor einiger Zeit hatte ich mich von meinem Mann getrennt, allerdings sind wir nach gut sechs Monaten wieder zusammengekommen. Auch wenn wir in zwei Wohnungen, ja sogar in zwei unterschiedlichen Städten gewohnt haben, hatten wir trotzdem viel Kontakt miteinander. Rückblickend betrachtet hat uns die Trennung gutgetan.

Wenn wir kurze Zeit später gefragt wurden, ob »das« denn hätte sein müssen, so lautete unsere Antwort: »Ja«. Wir waren zum Zeitpunkt der Trennung 29 Jahre zusammen, 24 davon verheiratet. Wir mussten einfach ein paar Dinge neu regeln und dafür war eine räumliche Trennung durchaus hilfreich. Gleichzeitig war insbesondere mir zum Zeitpunkt der Trennung nicht bewusst, dass wir beide uns lediglich neu orientieren mussten. Einige Zeit später bemerkte ich, dass mir die Trennung dabei geholfen hatte, die Liebe zu meinem Mann wiederzufinden und gemeinsam neu zu entdecken, was uns in der Partnerschaft wichtig ist.

Das bedeutet, dass es auch im Hinblick auf die Partnerschaft hilfreich ist, bestimmte Dinge einfach einmal neu zu betrachten und vielleicht auch neu zu regeln. Teilnahmslos nebeneinanderher zu leben ist auch keine gute Alternative. Im gewissen Sinne entspricht so etwas ebenfalls einer Trennung, zumindest einer mentalen. Aber es muss ja nicht immer die (räumliche) Trennung sein, um sich dieser Dinge bewusst zu werden.

Ein weiterer Punkt ist die fehlende Tagesstruktur. Jahraus, jahrein gingen wir regelmäßig vermutlich 5 Tage in der Woche zur Arbeit. Bei Vollzeitbeschäftigten kommen– neben einer 40-Stunden-Woche – zusätzlich noch 1 bis 2 Stunden Fahrtzeit täglich hinzu, bei manchen noch mehr. Selbst wenn Sie »nur« teilzeitbeschäftigt sind oder waren, macht auch diese Zeit schon einen erheblichen Faktor aus.

Ja, es ist schön, auch mal in den Tag hineinleben zu können. Anfangs kommt uns die freie Zeit noch wie ein nicht enden wollender Urlaub vor. Im Prinzip ist es genau das, was wir uns immer gewünscht haben, doch dann kommt bei vielen Menschen häufig der Drang, wieder etwas unternehmen zu wollen. Manchmal ist es beinahe völlig egal, um welche Unternehmung es sich dabei handelt. Hauptsache es findet Bewegung statt.

Darüber hinaus gibt es auch noch andere Themen, über die häufig nicht gesprochen wird. Was, wenn die eigenen Eltern noch leben und zum Pflegefall werden? Oder der eigene Partner, die eigene Partnerin? Oder wir selbst? Kann man sich auf solche Situationen vorbereiten? Nein, sicherlich nicht bis ins kleinste Detail. Wir können jedoch gedanklich einmal »durchspielen«, wie wir selbst eine solche Situation gestaltet haben möchten. Vielleicht manches auch vorbeugend klären, solange es noch zu in unserem Sinne zu klären ist.

Wir wohnen in einem Umfeld in dessen fußläufiger Entfernung sich mittlerweile fünf Seniorenheime bzw. Häuser mit betreutem Wohnen befinden. Wenn mein Mann und ich aus unserem Schlafzimmerfenster blicken, können wir auf eines dieser Seniorenheime schauen und Jürgen sagt häufig: »Wenn es mit mir mal nicht mehr so geht, dann möchte ich dort ein Zimmer im fünften Stock, dann können wir uns abends immer zuwinken, bevor wir schlafen gehen.« Ja, es macht mich traurig, über solche Dinge nachzudenken und sicherlich ist dieser Plan nicht bis zu Ende gedacht.

Wahrscheinlich kennen auch Sie mindestens eine Person, die schon lange nicht mehr allein in den eigenen Wänden leben sollte oder Sie haben miterlebt, dass für einen alten Menschen von heute auf morgen eine neue Lebensform gefunden werden musste. Aus welchen Gründen auch immer.

Es macht nicht wirklich Freude, jemand anderem eine Wohn- oder Lebensraum-Entscheidung aufzudrängen. Schon gar nicht, wenn eine, wie auch immer geartete, emotionale

Beziehung besteht. Meistens ist es auch zeitlich eine Herausforderung, denn es muss oft zügig vonstattengehen. Doch ein Platz wird nicht mal soeben frei. Das bedeutet, ein Bewohner dieser Einrichtung muss versterben, bevor jemand neu einziehen kann.
Also sind auch die Wohnform und der Wohnort durchaus relevante Themen, mit denen wir uns frühzeitig beschäftigen sollten.

Sie sehen, das Umfeld des Ruhestands ist vielfältig und beachtenswert.

Kapitel 2
Typische Situationen im Ruhestand

Wer kennt das nicht, die Ruheständler oder Rentner, die auf den letzten Drücker zur Rushhour einkaufen gehen, als hätten Sie den ganzen Tag keine Zeit. Oder der Rentner, der permanent klagt, er oder sie hätte keine Zeit, einen vollen Terminplan und immer etwas zu tun? Wie oft schon wurde der ein oder andere Kollege mit den Worten verabschiedet: »Jetzt bist du Rentner, ab sofort sind Termine mit dir nicht mehr spontan möglich, weil dein Kalender randvoll mit Terminen ist.« Was mit einem Augenzwinkern gemeint ist, ist für viele Realität.

Doch was genau verbirgt sich hinter all diesen Situationen? Aus welchem Grund sind Rentner am liebsten dann unterwegs, wenn die Berufstätigen einkaufen? Es wurde einmal eine Reihe von Rentnern befragt, ob es für sie nicht viel komfortabler sei, dann einkaufen zu gehen, wenn die Lebensmittelmärkte leer seien. Die Antworten darauf waren unterschiedlich, aber auch nachdenkenswert. Einige sagten, dass sie morgens eine lange Anlaufzeit hätten, bis sie »ausgehfertig« seien. Körperpflege, Frühstücken, Zeitung lesen, die Wohnung ein wenig aufräumen. Ja, und manche sagten auch, dass es eine Weile dauern würde, bis die »alten Knochen« wieder in Bewegung seien.

Ein Punkt, der bei einem sehr hohen Anteil der Befragten als Antwort kam, war: zu den »leeren Zeiten« sei ja nichts los. »Da sehe oder treffe ich ja kaum jemanden. Wenn viele Menschen im Markt sind, erlebe ich doch auch etwas.«

Was bedeutet denn diese Aussage tatsächlich? Der Umstand, dass wir morgens etwas länger brauchen, um uns und unsere Knochen in Gang zu bringen, ist noch nachvollziehbar. Doch es zeugt auch davon, dass wir mitunter im Ruhestand nicht über die sozialen Kontakte verfügen, die wir während unseres Berufslebens hatten. Oftmals wohnen die Kinder, wenn überhaupt vorhanden, weit entfernt. Nebenbei bemerkt, auch nah am eigenen Wohnort lebende Kinder bedeuten nicht zwangsläufig viel Kontakt. Umso wichtiger ist es, sich im Ruhestand sein soziales Netzwerk aufzubauen bzw. es zu pflegen.

Ist es tatsächlich so, dass wir uns im Ruhestand vor Aktivitäten kaum retten können? Oder sind es die zunehmenden Arztbesuche aufgrund schwindender Gesundheit, die uns diese vielen Termine bescheren? Sie können sich die Antwort sicherlich schon vorstellen: Auf die einen trifft es zu, auf die anderen nicht. Wie so oft im Leben. Sehr viele Menschen, mit denen ich in der Vorbereitung auf ihren Ruhestand zusammenarbeite, planen erst einmal einen ausgedehnten Urlaub. Unter den vielen Plänen, die mir hier schon vorgestellt wurden, waren auch ganz spezielle Ideen dabei. Etwa ein Haus mit den eigenen Händen zu bauen oder mit dem Bulldog (Trecker) nach Island zu fahren, um dort Island-Ponys für die spätere Zucht zu kaufen. Da waren jene Reisepläne, wie beispielsweise mit dem Wohnmobil um die Welt zu reisen, vergleichsweise noch unspektakulär. Manch eine wollte auch einfach nur einen ausgedehnten Urlaub machen.

Wieder zu Hause stellt sich dann oft ein Alltag ein, den wir uns so nicht vorgestellt haben. Es fehlt plötzlich an Struktur, vielleicht sogar eine originäre Aufgabe. Plötzlich haben wir Zeit für all die Dinge, für die wir früher keine Zeit hatten. Doch was passiert? Uns fehlt der Antrieb, sie zu erledigen. Zunächst sind wir noch motiviert, im Haus oder in der Wohnung Dinge auf Vordermann zu bringen. Den Keller, die Garage oder den Dachboden aufzuräumen und auszumisten. Vielleicht das nun nicht mehr benötigte Büro zu einem Gästezimmer umzugestalten. Dann kommt die freie Zeit. Und nun?

Haben Sie es vielleicht schon während ihrer Berufstätigkeit erlebt, dass Sie sich für den Urlaub etwas vorgenommen haben, nur um dann alle Ablenkungen dieser Welt mit offenen Armen zu empfangen, um diese Vorhaben nicht in die Tat umzusetzen? Ja, dann sind Sie der sogenannten Prokrastination verfallen. Prokrastination, die umgangssprachlich Aufschieberitis genannt wird, ist das Phänomen, Aufgaben, die uns nicht gefallen oder die uns unangenehm sind, so lange vor uns herzuschieben, bis wir sie entweder nur noch unter (Zeit-)Druck erledigen können oder sie sich von allein erledigt haben. Letzteres ist zweifelsfrei die angenehmere Variante, die jedoch seltener vorkommt.

Genau dies passiert uns häufig auch im Ruhestand. Wir schieben Dinge vor uns her. Vielleicht sogar mit der ganz objektiv-sachlichen Begründung: Das hat bis jetzt gewartet, das kann auch noch länger warten. Infolgedessen bleibt diese Aufgabe noch länger liegen. Sie erinnern sich an die To-do-Liste, die ich für meinen Mann geschrieben hatte? Auch hier standen

Aufgaben, die bis heute nicht erledigt sind. Werden sie wohl auch nie, weil sie nicht mehr relevant sind.
Wenn ich hier immer wieder Beispiele aus unserem Nähkästchen anführe, dann nur, weil Sie nicht nur im Ruhestand eine gesunde Portion Humor im Umgang mit sich selbst benötigen, sondern weil es einfach hilfreich ist, sich selbst und sein Umfeld nicht zu ernst zu nehmen. Was selbstverständlich nicht bedeuten soll, dass Sie Ihre Bedürfnisse hintanstellen oder unterdrücken sollen. Ganz im Gegenteil.

Es gibt aber durchaus Beispiele, die nicht wirklich zum Schmunzeln anregen, sondern eher zum Nachdenken. Kennen Sie auch jene Menschen, die viele Dinge während ihrer aktiven Berufszeit auf den Ruhestand verschoben haben und sie dann nicht mehr erledigen konnten? Aufgaben und Aktivitäten, die sowohl Pflicht als auch Kür sind, deren Ausführung aber durch Krankheit, unvorhergesehene Ereignisse oder gar Tod nicht mehr im Entferntesten begonnen werden können.[2]

Es sind diese Momente, wenn wir merken, dass alle anderen noch arbeiten müssen. Wir haben jetzt Zeit für gemeinsame Aktivitäten, doch die, mit denen wir gerne etwas unternehmen möchten, sind noch aktiv am Arbeitsleben beteiligt.

Plötzlich fehlen uns die ehemaligen Kollegen und Kolleginnen von denen wir dachten, es sei gut, sie nicht mehr zu sehen. Uns fehlen nicht nur die angenehmen Gespräche und Erfolgserlebnisse, nein, uns fehlen auch die kleinen Reibereien und Diskussionen mit unseren Kollegen. Spätestens dann kommt

---

2 Während dieses Buch entsteht, ist der Vater eines Freundes nur drei Jahre nach seiner Pensionierung verstorben.

uns der Gedanke, wir könnten den alten Kollegen mal einen Besuch abstatten.
Gesagt, getan, denn viele Ruheständler denken in solchen Phasen, genau diese Idee umzusetzen. Da kommt die erste Hürde, denn ihren Dienstausweis haben sie mit dem Ausscheiden aus dem Unternehmen abgegeben und kommen nicht mehr so ohne Weiteres in das Firmengebäude. Die Kollegin, die sie besuchen möchten, hat keine Zeit. Aus der geplanten Überraschung wird somit nichts. Was nun folgt, ist meist ein sehr unbefriedigendes Gefühl.

Wir gehören nicht mehr dazu. Gut, dann telefonieren wir eben. Sich abends mal zum Essen oder auf ein Getränk zu verabreden wäre doch auch schön. Seien Sie nicht zu enttäuscht, wenn dieser Vorschlag nicht auf die größte Gegenliebe stößt. Ja, Sie haben sich mit den Kollegen gut verstanden. Doch wenn es keine Freundschaft war bzw. ist, die sie verbindet, lässt die Arbeit und das Privatleben der noch Berufstätigen oftmals keinen Raum für solche Treffen. Abgesehen davon, dass sie meist mit einem faden Beigeschmack enden.

Ein ehemaliger Kollege hatte nach seiner Pensionierung vor vielen Jahren die Idee eines regelmäßigen Alumni-Treffens. Alle Kollegen, die zu einem bestimmten Umstrukturierungszeitpunkt dem Bereich angehörten, wurden hierzu eingeladen. Natürlich kamen und kommen nicht alle Kollegen zu diesen Treffen. Alle zwei Jahre sollten sich die größtenteils schon im Ruhestand befindenden Kollegen zusammenfinden. Bis zur Pandemie fanden diese Treffen auch regelmäßig statt und es kamen immer viele Kollegen von nah und fern und schwelgten in gediegener Umgebung in alten Zeiten. Es gab sogar eine Gedenkminute für die bereits verstorbenen Kollegen.

Vielleicht ist so ein regelmäßiges Treffen mit den alten Kollegen und Kolleginnen ja etwas, was Sie sich alternativ vorstellen können. Es könnte in einem lockeren Rahmen stattfinden und der Zyklus kann kürzer ausfallen. Nach einiger Zeit werden Sie wissen, was gut ist. Es braucht dann jemanden, der es plant, koordiniert und organisiert. Eine Aufgabe für Sie?

Tja, und dann? Wie finden wir denn eine Tagesstruktur? Plötzlich stellen wir fest, dass das Fernsehen auch morgens schon Informationen und Unterhaltung bringt. Wir bemerken aber nicht, wie sehr wir uns hiervon gefangen nehmen lassen und dass wir vielleicht sogar mittags noch ungeduscht im Schlafanzug vor dem Fernseher sitzen. Wir konsumieren Sendungen, von denen wir früher nicht im Traum daran gedacht hatten, sie jemals anzusehen oder sogar nicht wussten, dass es sie gibt.

Vielleicht nehmen Sie Ihr Leben aber auch aktiv in die Hand und achten darauf, wie Sie Ihren Ruhestand erfüllt gestalten können. Eines der Zauberworte lautet an dieser Stelle – wie so oft im Leben: Selbstverantwortung. Nehmen Sie Ihr Leben selbst in die Hand! Selbst wenn Sie durch unwägbare Ereignisse getroffen werden, haben Sie es auch oder gerade im Ruhestand in der Hand, wie Sie damit umgehen. Das kommt Ihnen so selbstverständlich vor? Meine Erfahrungen mit den vielen Menschen, die ich auf dem Weg in den Ruhestand begleite und den Rentnern, die sich in meinem Umfeld tummeln, erwecken den Eindruck, dass eben diese Selbstverantwortung gerne irgendwann abgegeben wird.

Tipp:
Beobachten Sie doch einmal die Ruheständler in Ihrem Umfeld - beruflich wie privat. Das Geschlecht spielt erst einmal keine Rolle. Überlegen Sie dann so spontan wie möglich, ob Sie so leben möchten. Und diese Frage geht in alle Richtungen. Vielleicht ist es das Leben, das Sie sich für Ihren Ruhestand vorstellen oder sogar befürchten. Oder aber es ist ein Leben, das Sie sich auf keinen Fall wünschen. Wenn manch gesehener Standard vielleicht nicht umsetzbar ist, gibt es immer noch Wege dazwischen.

Lassen Sie nicht

über Ihr Leben bestimmen!

Sorgen Sie selbst

für Ihren erfüllten Ruhestand!

Kapitel 3
Das Leben besteht aus Veränderungen

Der Wechsel in den Ruhestand ist nicht die erste Veränderung, die wir in unserem Leben mitmachen. Gehen Sie doch einmal durch, zu welchen Gegebenheiten sich Ihr Leben bis jetzt verändert hat.

Fangen wir mal ganz vorne an: Sie waren im Kindergarten oder vielleicht schon noch früher in einer Tagesbetreuung? Mit etwa 6 Jahren ging es dann in die Schule. Bei dem ein oder anderen kam vielleicht auch hier recht schnell die Ernüchterung. Oft zitiert werden jene Kinder, die trotz großer Vorfreude spätestens nach einer Woche fragen, wie lange sie denn in die Schule gehen müssten.

Dann folgt der Wechsel auf die weiterführende Schule. Auch hier haben wir einen Umbruch, der für die meisten einschneidend ist. Danach: Ausbildung oder Hochschule (welcher Art auch immer). Oder beides.

Fällt Ihnen etwas auf, wenn Sie diese Zeit Revue passieren lassen? Ihre freie Zeit wird immer weniger. Doch damit ist ja noch nicht Schluss. Sie haben vielleicht einen Partner oder eine Partnerin gefunden und Sie gründen eine Familie. Nun nehmen Ihre Aufgaben und Verpflichtungen noch weiter zu. Sie wollen im Job weiterkommen und haben auch hier viele Dinge neu gelernt, sind mit vielen gewollten und ungewollten Veränderungen umgegangen.

Die Liste der Veränderungen in unserem Leben wird je nach Lebenssituation lang und länger. Zu einer der Hauptveränderungen im Ruhestand zählt die Zeit: Im Gegensatz zu den meisten bisherigen Veränderungen in Ihrem Leben haben Sie nun viel Zeit. Für alle möglichen Dinge und Gedanken. Dies kann Fluch und Segen gleichermaßen bedeuten und das wiederum hängt völlig davon ab, wie Sie mit Ihrer Zeit künftig umgehen.

Umso wichtiger ist es im Ruhestand, sich darüber bewusst zu werden, wie genau Sie in Ihrer Vergangenheit mit sämtlichen Ihrer Veränderungen umgegangen sind. Welche Coping-Strategien (Bewältigungsstrategien) haben Sie sich bisher schon zurechtgelegt, um die stürmischen Phasen gut zu überstehen? Warum das wichtig ist?

Nur weil Sie sich im Ruhestand befinden, heißt es nicht, dass Ihr Leben nun gleichermaßen vor sich dahinplätschert. Gemessen an unserer durchschnittlichen Lebenserwartung werden in den nächsten 15 bis 25 oder hoffentlich mehr Jahren stetig Veränderungen auf Sie zukommen, die mal mehr, mal weniger emotional leicht zu verarbeiten sind. Wenn Sie im Vorfeld darüber Überlegungen anstellen, was sich in anderen Veränderungssituationen für Sie als besonders hilfreich erwiesen hatte, wird es Ihnen jetzt helfen, leichter durch die Veränderungen des Ruhestands zu kommen, damit Ihr Ruhestand für Sie so erfüllt wird, wie Sie es sich wünschen und verdient haben.

Die Phasen der Veränderung

Um zu begreifen, was in Veränderungsphasen in uns vorgeht, ist es sinnvoll, einen Blick auf die Phasen, die wir in dieser Zeit durchlaufen, zu werfen. Es gibt unterschiedliche Modelle im Business, die zwischen drei und sieben Phasen differenzieren. Ich orientiere mich gerne an dem Sieben-Phasen-Modell von Streich, fasse allerdings, durch meine Erfahrung geprägt, die Phasen fünf und sechs zusammen, sodass ich Ihnen hier gerne die sechs Phasen der Veränderung vorstellen möchte.

Sprechen wir von den Phasen der Veränderung, so ist es beachtenswert, dass – egal ob wir eine Veränderung selbst initiiert haben oder sie uns oktroyiert (aufgezwungen) wird – wir diese Phasen durchlaufen. Das Tempo, in dem wir in den einzelnen Phasen verweilen, ist von unterschiedlichen Faktoren abhängig. Sicherlich ist es nachvollziehbar, dass wir Phasen, in denen wir zweifeln, langsamer durchlaufen, beispielsweise wenn uns jemand eine Veränderung aufzwingt. Dazu kommt dann noch die Persönlichkeitsausprägung, die mitbestimmt, ob und wie gerne wir mit Veränderungen umgehen. Ob wir eher Veränderer oder Bewahrer sind.

Ein weiterer Aspekt besteht in der Anzahl der mit Veränderungen einhergehenden positiven und / oder negativen Erfahrungen sowie den daraus resultierenden Lehren und Erkenntnissen.

Phase 1: Der Schock

Vermutlich fragen Sie sich an dieser Stelle, wo der Schock auftritt, denn schließlich gehen Sie endlich in den – wahrscheinlich – heiß ersehnten Ruhestand. Für viele Menschen ist dies tatsächlich eine Situation, die sie in einer kurzen Starre verharren lässt. Vielleicht ist es die Art und Weise, wie Ihnen zu einem gefühlt viel zu frühen Zeitpunkt Knall auf Fall mitgeteilt wird, ja, man Ihnen nahegelegt hat, in den Ruhestand zu gehen. Ihnen ein Angebot unterbreitet wurde, mit vielleicht schon 56 oder 58 Jahren aus dem Arbeitsleben auszuscheiden. Möglicherweise aber auch das Bewusstwerden, dass das Arbeitsleben wirklich zu Ende ist, wenn Sie in die reguläre Altersrente gehen.

Eine Phase, die uns meist unvermittelt trifft, zu einem Zeitpunkt und manchmal auch in einer Härte, die wir nie für denkbar gehalten hätten. Ja, wir wollten diese Veränderung doch.

Warum sind wir jetzt erstarrt, vielleicht sogar handlungsunfähig? Häufig ist es genau der Punkt des Bewusstwerdens, der diesen Zustand auslöst. Je weniger wir mit der Veränderung einverstanden sind, desto mehr hadern wir. Ein anderer Punkt, ob und wie schnell wir in die zweite Phase wechseln, hängt unter anderem davon ab, wie resilient wir sind. Hängen wir an der Vergangenheit oder blicken wir neugierig in die Zukunft?

Phase 2: Die Verleugnung

Nach der Schockphase kommt die Verleugnung. Was wollen wir großartig verleugnen? In dem Beispiel, dass Sie Ihrer

Meinung nach viel zu früh in den Ruhestand geschickt werden, ist dies die Phase, in der Sie sich meist einreden, dass es sich dabei um einen schlechten Scherz handle. Und emotional berührt Sie das doch alles nicht. Es wird schon nicht so schlimm werden. Oder aber Ihr Widerstandsgeist ist so richtig geweckt und Sie kämpfen mental mit allen Ihnen zur Verfügung stehenden Mitteln gegen die drohende Veränderung.

Dies ist, egal wie sich die Phase bei Ihnen äußert, eine emotional sehr anstrengende und kräfteraubende Zeit. Nicht selten entsteht hier auch ein Gefühl von Machtlosigkeit und die Betroffenen rutschen in eine Art Opferrolle. Insbesondere dann, wenn, speziell jetzt auf den Ruhestand bezogen, dieser schon Jahre vor der regulären Altersrente eingeleitet wird.

Ein gleiches Verhalten können wir aber auch beispielsweise bei der Mitteilung über schwere Erkrankungen erleben. Wenn wir die Diagnose verleugnen, sie für einen Diagnosefehler halten. In diesem Fall kann es dann auch sein, dass wir von Arzt zu Arzt laufen, um eine andere Diagnose zu erhalten.

Phase 3: Die Akzeptanz

In dieser Phase wird es emotional etwas ruhiger. Wir gewöhnen uns an den Gedanken der Veränderung. Im besten Fall sehen wir auch schon positive Aspekte des Umbruchs und beginnen durchaus neue Pläne zu schmieden. Wir sind positiver gestimmt und die »Opferrolle« hat kaum noch Macht über uns. Handlung und Aktion ist unser Leitbild in dieser Phase. Vielleicht sind wir sogar schon so weit, dass wir andere von den neuen Gegebenheiten überzeugen und mit ins Boot holen können. Wir sehen wieder Licht am Horizont.

Im Falle einer Erkrankung kommt hier der Kampfgeist zum Tragen. Welche Therapien sind möglich? Wer und wo sind die besten Ärzte? Im besten Fall auch: Was kann ich selbst tun, damit es mir wieder besser geht? Was kann ich unternehmen, um wieder gesund zu werden?

Phase 4: Das Tal der Tränen

Es kommt, wie es kommen muss: Die eigentliche Trauer ist noch nicht verarbeitet.

Willkommen im Tal der Tränen. Wir hadern noch einmal mit der Veränderung und sehnen uns nach dem alten Zustand. Zweifel sind unser Begleiter, ob denn alles, was wir entschieden haben, richtig war. Diese Phase durchlaufen wir, wie alle anderen Phasen auch, unabhängig davon, ob wir die Veränderung selbst herbeigeführt haben oder nicht.

Sie ist wichtig für die nächsten Phasen, auch, um sich von den alten Gegebenheiten wirklich zu verabschieden. Und wenn hier Tränen fließen – lassen Sie es zu. Diese Traurigkeit zu akzeptieren, hilft dabei, offen für Neues zu werden.

Tipp:
Es ist hilfreich, sich mit einem Ritual vom Berufsleben zu verabschieden. So können beispielsweise Unterlagen, die Sie nicht mehr benötigen, vernichtet werden. Vielleicht haben Sie Erinnerungsbilder an Ihr Berufsleben, die Sie sortieren und archivieren oder aber auch aussortieren können. Lassen Sie anschließend Revue passieren, was gut und was schlecht war. Oftmals hilft auch dieser Prozess, Distanz zu einem alten Zustand zu bekommen und Lust auf etwas Neues, eine Veränderung, zu entwickeln.

Im Falle einer Erkrankung ist dies die Phase des Haderns – warum ich oder mein Partner?

Phase 5: Versuch und Irrtum

Diese Phase bereitet vielen Personen Freude, nachdem sie das Tal der Tränen überwunden haben. Probieren Sie neue Aktivitäten aus! Geben Sie Ihrem Tag wieder eine Struktur. Sie merken, es passt nicht zu Ihnen? Kein Problem. Versuchen Sie etwas anderes. Das Schöne in dieser Phase im Ruhestand besteht darin, endlich keinen Arbeitgeber mehr zu haben, der Ihnen vorschreibt, was Sie zu tun oder zu lassen haben. Gut, mancher schmunzelt hier und sagt, mein neuer Arbeitgeber heißt jetzt „Heidrun“ oder „Klaus-Dieter“. Probieren Sie so lange aus, bis es für Sie gut ist und bis Sie es für Ihr Leben passend finden.

Bei Erkrankungen kommt im Rahmen der Behandlung oder danach – je nachdem – der Neustart. Das Leben mit der Erkrankung oder den Auswirkungen.

Phase 6: Die Integration

Die Phase, nach der wir uns in der Regel alle irgendwann sehnen. Es läuft alles in geregelten Bahnen. Neue Aktivitäten sind in den Alltag, der nun eine neue Struktur hat, integriert. Wenn Sie in einer Paarbeziehung leben, haben Sie auch hier neue Strukturen etabliert.

Sie wissen, was Ihnen nun guttut und genießen Ihren Ruhestand. Das bedeutet nicht, dass Ihr Leben nun im Einheitsbrei versinkt. Denn Sie haben es ja in der Hand, Ihr Leben zu gestalten. Zu schön, um wahr zu sein? Sie ahnen jetzt vermutlich schon, was kommt? Na klar, die nächste Veränderung, in welcher Art und Weise auch immer. Vielleicht ein Enkelkind, auf das Sie nun aufpassen dürfen, vielleicht aber auch etwas, dass Ihnen weniger Spaß bereitet oder eine schwere Krankheit. Und der ganze Kreislauf beginnt von vorne.

Wie lange diese Phasen im Einzelnen dauern, ist von der Persönlichkeit eines jeden Einzelnen, aber in der Regel auch von der Schwere und Beeinflussbarkeit der Veränderung abhängig. Bei selbst gewählten Veränderungen durchlaufen wir ebenfalls diese verschiedenen Phasen, häufig jedoch etwas schneller als bei von außen veranlassten Veränderungen oder schweren Erkrankungen.

Eigenes Beispiel:
Besonders bewusst sind mir an mir selbst diese Phasen aufgefallen, als ich einen Jobwechsel vollzogen habe. Es war eine freiwillige Entscheidung. Ich hatte innerhalb des Konzerns, für den ich tätig war, in meiner Karriereplanung stehen, dass ich für den Job der Vorstandsassistenz vorgesehen war.

Es war ein Ziel, auf dass ich hingearbeitet hatte. Eines Tages sprach mich jemand von der Personalabteilung an, die Kollegin würde in den Ruhestand gehen und ich wolle mich doch jetzt bestimmt bewerben. Ein kurzer Schreck, upps, jetzt ist es also so weit.

Dann kam schon ein wenig Freude, dass man es wirklich ernst mit mir meinen würde. Bewerbung geschrieben, jedoch mit dem Zweifel, dass die Stelle überhaupt nicht ausgeschrieben war. Phase 2 also. Dann kam plötzlich das Bewerbungsgespräch, welches lediglich formaler Natur war. Schließlich war ich im Haus bekannt und kannte auch schon meinen zukünftigen Chef. Freude über den Neuanfang – Phase 3. Es dauerte noch gut zwei Monate, dann kam mein Abschied von der alten Abteilung.

Ich ließ sechs – nicht nur rückblickend betrachtet - schöne Jahre mit netten Kollegen hinter mir. Noch während meiner Abschiedsfeier – ich saß ja nun bald im Elfenbeinturm mit wenig beruflich-privaten Kontakten – durchlief ich alle bisher durchlaufenen Phasen noch einmal. War es wirklich mein letzter Tag heute? Keine gemeinsamen Aktivitäten mehr? »Nein, das kann doch nicht sein, wir bekommen das schon hin«, dachte ich mir. Aber private Kontakte zu den alten Kollegen war damals in der neuen Position nicht gewünscht. Es würde dennoch eine gute

Zeit werden. Und dann, später im Auto, überkam mich das heulende Elend. Für genau 10 Minuten. Woher ich weiß, dass es 10 Minuten waren? Ich arbeitete in der Essener Innenstadt und musste über die A40 nach Bochum fahren. Abends um 20 Uhr dauerte die Strecke damals rund 20 Minuten. Ab Stahlhausen, etwa die Hälfte meines Weges, hatte ich wieder Oberwasser und überlegte, was ich denn am nächsten Tag anziehen wollte. Ein Gedanke, den vermutlich nur Frauen verstehen werden.

Während der Arbeit kam dann die »Try-and-Error-Phase«: neue Prozesse aufsetzen, Büroabläufe digitalisieren, ausprobieren und so weiter. Es dauerte gut 1,5 Jahre, dann stand der nächste Wechsel an. Mein Chef hatte sich im Rahmen einer Umorganisation selbst wegrationalisiert und ich bekam einen neuen Job.

Sie sehen, es kann rasend schnell gehen, es kann sich aber auch lange hinziehen. Es kommt eben, wie so oft im Leben, ganz darauf an.

Was wir jetzt tun können

Indem wir uns mit den Phasen der Veränderungen beschäftigt haben, wissen wir nun, dass es uns nicht immer gleich gut oder gleich schlecht geht. Gut, das ist ja wie früher auch, denken Sie jetzt wahrscheinlich. Ja, genau. Doch für viele Menschen kommt dies unvermittelt. Warum geht es mir nun, wo ich doch – im besten Fall – endlich Zeit für meine Hobbys und für mich habe, nicht gut? Vielleicht haben Sie auch noch genügend Verpflichtungen, die Ihren Tag füllen. Vielleicht fühlen Sie sich aber auch nach wie vor unter Druck gesetzt, diese Verpflichtungen zu erledigen.

Gerade jetzt, wo Sie die Möglichkeit haben, Ihr Leben noch einmal in die Hand zu nehmen und unter Umständen sogar in eine neue Spur lenken zu können, ihm aber auf jeden Fall eine neue Struktur geben können, ist es sinnvoll, um nicht zu sagen, notwendig, das eigene Denken und die Ansprüche an sich selbst zu prüfen. Ja, selbstverständlich ist es hilfreich, auch auf die Tagesstruktur zu schauen, doch alles zu seiner Zeit.

Sich seinen Ängsten und Sorgen stellen

Vielleicht stehen Sie kurz vor dem Ruhestand oder sind unter Umständen auch schon eine Weile in diesem Lebensabschnitt, während Sie diese Zeilen lesen. Egal in welcher Phase, ich bin überzeugt, dass Ihnen früher oder später Gedanken durch den Kopf gehen, die nicht ausschließlich positiver Natur sind. Gedanken, die sich darum drehen, wie denn jetzt alles so weitergeht. Und im besten Fall nicht finanzieller Natur.

Ihr Gedankenkarussell dreht sich um vermeintlich ganz einfache Dinge, beispielsweise um die Frage, wie Sie Ihren Tagesablauf gestalten wollen oder wie Sie nun Ihre X Stunden Zeit am Tag, in denen Sie sonst Ihrer Arbeit nachgegangen bin sind, mit Inhalt füllen werden. Immer wieder in den Urlaub zu fahren, kann auf Dauer auch langweilig werden. Es sei denn, Sie planen eine Weltreise und reisen alle paar Tage an einen anderen Ort. Doch so eine Reise dauert auch nicht ewig.

»Wie kann ich mich sinnvoll beschäftigen?« Ich höre ständig von Ruheständlern, dass ihnen häufig der Antrieb fehlt,

Dinge zu erledigen. Oder der Körper spielt nicht mehr so mit. »Bleibe ich gesund?«, bzw. »Wie kann ich mich noch gesund erhalten oder wieder gesünder werden?« »Kann ich noch mit Sport beginnen und will ich das überhaupt?«

Vielleicht fragen Sie sich aber auch, ob die Wohnform, in der Sie heute leben, in einigen Jahren noch für Sie passend ist.

Als wir vor über 30 Jahren unsere Maisonette-Wohnung gekauft haben, habe ich innerlich den Kopf über die Kommentare eines Onkels geschüttelt, der sagte: »In dieser Wohnung werdet ihr nicht bis zum Ende wohnen bleiben. Denkt mal darüber nach, was ist, wenn Jürgen alt ist.« Zum damaligen Zeitpunkt konnte ich mir mit damals Mitte 20 nicht vorstellen, dass mein Mann oder sogar ich Probleme bekommen könnten, uns in dieser Wohnung zu bewegen. Zwei Etagen ohne Aufzug – lächerlich.

Ehrlicherweise denke ich da heute anders drüber und wir halten die Augen seit geraumer Zeit offen, ob wir etwas »altengerechtes« finden.

Andere Sorgen oder Ängste können sich um die Partnerschaft drehen. Werden wir es schaffen, wenn wir jetzt den ganzen Tag umeinander sind? Andere planen, dass sich jeder seine eigene Erlebniswelt aufbaut oder die schon vorhandene ausbaut. Doch wie reagiert dann der Partner darauf? Vielleicht möchten wir doch jetzt gerne so viel Zeit wie möglich mit dem Partner oder der Partnerin verbringen.

Wenn Sie allein sind, kann auch die große Angst vor Einsamkeit und fehlenden sozialen Kontakten eine Befürchtung sein. Die Angst vor fehlenden sozialen Kontakten beschäftigt übrigens auch viele Paare, da im Ruhestand der Kontakt zu den Kollegen voraussichtlich wegfällt. Selbst dann, wenn die Kollegen nicht nur Kollegen waren, sondern Freunde. Wie ich bereits an anderer Stelle geschrieben hatte, kann sich sogar ein freundschaftliches Verhältnis im beruflichen Miteinander im Ruhestand verändern.

Dies alles – und mit Sicherheit habe ich hier nicht alle Ängste und Befürchtungen erfasst, die ganz individuell auf Sie zutreffen – geht vielen Menschen durch den Kopf, bevor oder wenn sie in den Ruhestand gehen.

Und dies ist auch vollkommen normal und verständlich. Es ist nichts Schlimmes dabei, wenn Ihnen solche Gedanken durch den Kopf gehen. In Seminaren erlebe ich es immer wieder, dass gerade Ängste und Sorgen im Zusammenhang mit dem Ruhestand eher tabuisiert werden und es viel Vertrauen braucht, diese auszusprechen. Für manch Einen auch Mut.

Doch sind wir einmal ehrlich mit uns: Haben wir je in unserem Leben eine ganz genaue Vorstellung zu einer Situation gehabt? Ja sicher. Doch ist diese Vorstellung auch exakt so eingetreten? Wahrscheinlich nicht.

Wir können uns auf der einen Seite nicht auf alles vorbereiten und auf der anderen Seite können wir uns, indem wir uns im Vorfeld mit unseren Befürchtungen auseinandersetzen, zumindest schon einen Plan B überlegen. Unsere Enkeltochter Laura gab uns in diesem Zusammenhang mal den Tipp, dass es über »B« hinaus ja noch 24 andere Buchstaben im Alphabet gäbe. Sie erinnern sich: Genau dann wären wir in der 5. Phase der Veränderungen, der Try-and-Error-Phase.

Viele dieser Punkte werden wir unter die Lupe nehmen und schauen, ob es einen Plan B geben kann und was Sie genau dafür machen können. Was hindert Sie daran, sich zusätzlich mit anderen, mit Gleichgesinnten, auszutauschen? Vielleicht haben diese Menschen nicht Ihre, aber dafür andere Befürchtungen. Und auch hier gilt: Darüber reden hilft. Es könnte ohnedies sein, dass Sie auf diese Weise neue Menschen oder schon länger gekannte besser kennen lernen und sich ganz neue Möglichkeiten auftun. Auch für neue Kontakte ist es nie zu spät.

Ängste, oder nennen wir es mal Unwohlsein, die immer wieder zum Vorschein kommen, sind Gedanken, wie beispielsweise ob »das Geld denn auch reicht«. Diese Befürchtung scheinen sehr viele angehende Ruheständler zu haben, egal ob sie, objektiv gesehen, gut vorgesorgt haben, eine hohe Altersrente beziehen oder nicht.

Nicht nur, wenn Sie zu dieser Personengruppe gehören, schlage ich Ihnen eine bewährte Methode vor: Erstellen Sie einen Haushaltsplan! Klingt logisch, oder? Wissen Sie ganz genau über Ihr monatliches Einkommen Bescheid und wie hoch Ihre Fixkosten sind? Falls ja, dann gratuliere ich Ihnen, denn den meisten Menschen fehlt an dieser Stelle die nötige Übersicht. Vor allen Dingen jetzt fehlt der Überblick, wo doch die Rente niedriger ist als das Gehalt, manche Kosten wegfallen oder sich reduzieren und andere dafür hinzukommen. Oder er muss eben neu geschaffen werden:

- Schreiben Sie doch einmal ganz genau auf, welche Einkünfte Sie jeden Monat haben. Denken Sie hierbei an alles, auch Mieteinnahmen, monatlich ausgezahlte private Rentenvorsorge, usw.
- Listen Sie nun alle Ausgaben auf. Was ist tatsächlich fix? Gibt es unter Umständen privat bezahlte Fach-Abonnements, die Sie nicht mehr brauchen oder eine Krankentagegeld-Versicherung, die nun keinen Sinn mehr macht?
- Wenn Sie dieses Buch lesen und noch keine 55 Jahre alt und privat krankenversichert sind, könnte es unter Umständen ratsam sein, über den Wechsel des Tarifes oder in die gesetzliche Krankenversicherung nachzudenken. Gibt es Bereiche, die Sie mit einer Zusatzversicherung abdecken können?
- Welche Kosten fallen noch weg? Reduzierte Benzin- oder Fahrkartenkosten zum Beispiel, aber auch die Kosten für Berufskleidung. Es muss ja nicht immer der »Blaumann« sein. Sie benötigen jetzt nicht mehr so viel formelle Kleidung wie beispielsweise Anzüge oder Kostüme.
- Benötigen Sie noch ein Auto? Oder noch alle Autos, die »in der Garage« stehen? Kann ein Seniorenticket im ÖPNV eine Alternative sein? Für manche Fahrten darf es dann vielleicht auch mal ein Taxi sein.
- Welche Rücklagen möchten oder müssen Sie bilden? Dies kann relevant sein, wenn Sie Immobilien besitzen und Reparaturen abgedeckt werden müssen. Auch Rücklagen für Fahrzeuganschaffung oder Reparatur gehören dazu.

- Ohne Immobilien können zusätzliche Rücklagen sinnvoll sein: Wie alt sind beispielsweise Ihre Elektrogeräte in der Küche?
- Nicht zu unterschätzen sind die mit steigendem Alter häufig mehr werdenden Kosten für Arzneimittelzuzahlungen und ärztliche Verordnungen.
  (bei uns sind das mittlerweile rund 1300 Euro pro Jahr)
- Sind Sie Brillenträger und / oder benötigen Sie Hör-geräte? Bei beiden sind die Zuzahlungen in der Regel kein Schnäppchen. Insbesondere bei Hörgeräten geht die Zuzahlung pro Ohr schnell in den vierstelligen Bereich.
- Welche Arten von Urlauben bevorzugen Sie? Reisen Sie gerne und viel?
- Möchten Sie vielleicht noch das ein oder andere Möbelstück austauschen oder gar eine neue Küche anschaffen?
- Wie viele Familiengeburtstage stehen im Jahr an? Bei uns war es zunächst ein Enkelkind, dann waren es auf einmal sieben. Allein das bedeutet 14 Geschenke pro Jahr für Geburtstage und Weihnachten. Und da sind die eigenen Kinder noch nicht eingerechnet, in diesem Fall noch mal vier Personen mal zwei. Sie haben vielleicht Eltern, Geschwister und gute Freunde, denen Sie zum Geburtstag auch eine kleine Aufmerksamkeit zukommen lassen möchten. Und mal ganz ehrlich: Wie gut funktioniert bei Ihnen: »Wir schenken uns dieses Jahr nichts.« Selbst wenn es nur um eine Kleinigkeit handelt, summiert es sich auf. Auch wenn Ihre Kinder noch ohne Partner oder Partnerin sind, der Tag wird kommen und Ihre Familie wird größer. Es

addiert sich, selbst wenn es nur ein paar »Blümchen« sind, die Sie zu einem Geburtstag mitnehmen möchten.

- Wie hoch sind die Kosten für Ihre Freizeitbetätigungen?

Sicherlich fallen Ihnen noch ganz individuelle Kosten ein, die bei Ihnen anfallen. Listen Sie sie auf! Denn nur so bekommen Sie einen Überblick über Einnahmen und Ausgaben und bekommen ein Gefühl dafür, ob Ihre Rente reicht. Wenn Sie sich bei manchen Ausgaben nicht sicher sind, ob sie Ihnen wichtig sind, trennen Sie sich von ihnen. Wir können in der Regel fast alles wieder rückgängig machen. Okay, vielleicht nicht bei einem Abonnement in einem Konzerthaus oder Theater. Da sollten Sie sich genau überlegen, ob Sie auf dieses Abonnement tatsächlich verzichten möchten.
Unter www.brittavonderlinden.de/downloads finden Sie eine vorbereitete Tabelle.

Exkurs: Ruhestand in Zeiten der Pandemie

Seit nun März 2020 hat uns die Covid-19-Pandemie im Griff und ein Ende ist noch nicht wirklich absehbar. Für alle war es zunächst ungewohntes Terrain, mit einem Mal mussten viele Menschen von zu Hause arbeiten, alleine, mit Technik, die häufig noch zu wünschen übrigließ und teilweise noch lässt.

Doch was passiert nun mit denen, die genau in dieser Zeit in den Ruhestand gehen? Mit denen, die im besten Fall zumindest Pläne für den Übergang gemacht haben. Oder aber diejenigen, die sich gar keine Gedanken darüber machen wollten, dass der Ruhestand unumgänglich ist und vor der Tür steht?

Der Arbeit von zu Hause aus nachgehen ist für viele schon ein riesiger Schritt, der vielleicht anfangs noch mit offenen Armen empfangen wurde, doch nach und nach nicht nur Vorteile hatte. Der persönliche Kontakt zu den Kollegen fehlt, die Arbeit wird eventuell umständlicher. Und nun der Abschied. Sie hatten eine kleine Feier geplant oder wollten sich wenigstens mit ein paar netten Kollegen oder ein paar Freunden zu einem netten Abend treffen? All dies ist ja zurzeit leider nicht möglich.

Welche Möglichkeiten bzw. Alternativen haben Sie nun, sich von ihren Kollegen zu verabschieden? Ja, ein virtuelles Treffen auf einer der gängigen Meeting-Plattformen wäre möglich. Die Beschreibung und Anregungen finden Sie im Kapitel »virtueller Abschied«.

Viel wichtiger erscheint mir allerdings, auf die Tatsache zu schauen, dass die meisten Vorhaben, von Urlaub über andere schöne Aktivitäten, nicht möglich sind. Das bedeutet, Sie werden von heute auf morgen in ein neues Leben katapultiert. Immer noch und immer wieder gibt es Unsicherheiten, ob und wohin wir pandemiebedingt reisen dürfen. Das heißt, Pläne, die Sie für die erste Zeit nach Ihren Ausscheiden gemacht haben, sind noch vakant, vielleicht sogar hinfällig. Für Sie bedeutet das, nun so schnell wie möglich in einen neuen Alltag zu kommen.

Da den meisten Menschen die Situation an sich schon sehr an die Psyche geht, ist es nun eine viel größere Herausforderung, den Alltag neu zu strukturieren. Versuchen Sie daher, Ihrem Tag auch weiterhin eine Struktur zu geben:

- Hören Sie auf Ihren Bio-Rhythmus. Stellen Sie fest, wann es für Sie gut ist, morgens aufzustehen. Da sich auch die Schlafgewohnheiten im Alter verändern, ist nun ein guter Zeitpunkt, darauf zu achten, wie viel Schlaf Sie tatsächlich benötigen.
- Halten Sie einigermaßen feste Mahlzeiten-Zeiten ein. Diese bieten Ihnen Eckpunkte für eine neue Tagesstruktur.
- Gehen Sie regelmäßig eine Stunde am Tag spazieren oder fahren Sie mit dem Rad, egal wie das Wetter ist.
- Wenn Sie einer Sportart nachgehen, die in diesen Zeiten erlaubt ist, führen Sie diese weiter aus.
- Versuchen Sie jeden Tag etwas zu machen, dass Ihnen guttut und Freude bereitet.
- Beginnen Sie für sich, Rituale zu entwickeln. Verabreden Sie sich mit Freunden in kleiner Runde, um gemeinsam spazieren zu gehen.
- Hilfreich kann es nun auch sein, über ein Hobby nachzudenken, dass Ihnen am Ende des Tages zeigt, was Sie geschafft haben. Etwas Kreatives vielleicht.
- Gehören Sie zu den Menschen, die bisher noch nicht den Keller, die Garage oder den Dachboden aufgeräumt und ausgemistet haben? Dann legen Sie los. Werden Sie den Ballast der letzten Jahrzehnte los. Es ist befreiend für die Seele und macht ein gutes Gefühl, wenn alles aufgeräumt ist.
- Auch hilft es, von einem Lebensabschnitt Abschied zu nehmen, um frei zu sein, für das Neue, das Schöne, was nun auf Sie zukommt.

- Nutzen Sie hierfür ein Ritual, durch das Sie sich von Ihrem Arbeitsleben verabschieden. Würdigen Sie die Zeit, den Eifer und den Elan der letzten Jahre und verabschieden sich. Begrüßen Sie den neuen Lebensabschnitt mit all seinen Facetten, die nun auf Sie zukommen.

Kapitel 4
Der Abschied

Da ist er, der letzte Arbeitstag! Von vielen so herbeigesehnt. Ich habe schon Menschen erlebt, die á la Bundeswehr-Soldaten ein Zentimetermaß in ihrem Schreibtisch liegen oder sogar offensichtlich für alle im Büro hängen hatten. Hiervon schnitten Sie dann für jeden verstrichenen Tag einen Zentimeter ab, um so den immer kürzer werdenden Zeitraum der Berufstätigkeit vor Augen zu haben. Ganz offensichtlich und frei nach dem Motto: Bloß raus hier!

Und dann gibt es andere, die an diesen besonderen, den letzten Arbeitstag gar nicht denken wollen. Aus verschiedenen Gründen. Vielleicht, weil sie so sehr in Ihrem Job aufgehen, dass sie sich kaum vorstellen können, ohne ihren Beruf zu leben, denn für den einen oder anderen ist er tatsächlich eine Berufung. Manch einer, der schon während der »normalen Berufszeit« seine Zeit danach in etwas anderer Form geplant hat. Gewissermaßen eine Art »Job light«, der sich während des Ruhestandes durchführen lässt. Ein Arzt zum Beispiel, der mit 67 Jahren regulär in Rente geht und dann, nach einigen Monaten freier Zeit, immer wieder in Krisengebieten für verschiedene Hilfsorganisationen tätig ist. Oder Menschen, die bereits während der aktiven Berufszeit Kontakte zur IHK oder zu Handwerkskammern geknüpft haben, um jungen Menschen als Mentoren zur Verfügung zu stehen. Dazu später mehr, wenn es um Beschäftigungen geht. Dann gibt es noch hochspezialisierte Experten, die nach dem Arbeitsleben Beraterverträge annehmen, um ihr Wissen nach wie vor ihrem alten Unternehmen oder auch anderen Firmen zur Verfügung zu stellen.

All diesen Menschen macht vermutlich der letzte Arbeitstag recht wenig aus, weil sie wissen, dass sie unter anderem ihre Anerkennung im Un-Ruhestand weiterhin bekommen werden. Außerdem haben sie weiterhin ihre sozialen Kontakte, und zwar alte sowie neue Menschen, die sie weiterhin umgeben.

Doch was ist mit der anderen Gruppe? Gehören Sie vielleicht auch zu jenen, die so viel Zeit in den Job investiert haben und kaum Möglichkeiten für Freizeit oder soziale Kontakte außerhalb des Berufs finden?

In dieser Situation öffnet sich für viele eine Art schwarzes Loch, in das sie hineinstürzen. Die Betätigung an sich, aber auch die Bestätigung, die wir im Job im besten Fall erhalten, entfällt. Die fehlende Anerkennung und Wertschätzung setzt uns zu. Bei vielen ist dies oft unbewusst die größte Befürchtung. Vor allem, wenn der Beruf gekennzeichnet war oder ist durch Lob und Anerkennung von der Führungskraft, ein gutes Miteinander mit den Kollegen, möglicherweise aber auch die Selbstbestätigung durch den Umgang mit den Kunden oder guten Aufträgen. Vielleicht nicht immer von allem alles, aber wenigstens ein Punkt wird es sein, der zutrifft.

Wo aber gibt es diese Bestätigung, wenn wir im Ruhestand sind? Die unbewusst fehlende Anerkennung der eigenen Person und die dadurch resultierende vorhandene, aber nicht als solche identifizierte Angst führt bei vielen Menschen dann häufig zu einer Sinnkrise oder einem nicht-loslassen-können.

So konnte ich schon Führungskräfte erleben, die nach ihrem aktiven Berufsleben wieder und wieder »ihr« Unternehmen aufsuchten und ihre ehemaligen Mitarbeitenden in Beschlag genommen haben und - seien wir doch mal ehrlich - ihnen damit auf die Nerven gingen. Oft noch Jahre später. Hat es diesen Menschen gutgetan? Nicht unbedingt. Für kurze Momente fühlten sie sich zurückversetzt in die Zeit des Berufslebens mit dem Gefühl von Anerkennung, doch dann kam häufig wieder die große Leere. Sie verhalten sich in ihrem Reden und Handeln auch oft noch so, als wären sie noch aktiv im Job bzw. leben in der Vergangenheit.

Ein anderes Beispiel sind die Senior-Inhaber in mittelständischen Unternehmen, die auch mit weit über 80 Jahren nicht nur ins operative Tagesgeschäft eingreifen. Die Probleme damit haben, ihr Lebenswerk loszulassen und dann auch den nachfolgenden Generationen häufig noch in Unternehmensentscheidungen hineinreden.

Wieder andere, die in repräsentativen Aufgaben unterwegs waren und sich durchaus im Glanz der Veranstaltungen, über deren »roten Teppich« sie gelaufen sind, gesonnt haben. Die sich, nachdem sie bemerkten, dass sie eben nicht mehr zu den Events eingeladen werden und deren Rolle nun ein anderer übernommen hat, flugs eine neue Aufgabe gesucht haben, um wieder irgendwie dazuzugehören. Leider auch nicht immer mit Erfolg.

Dann gibt es noch jene, die ihren Job mit Leib und Seele erledigt haben, weil Sie Spaß an ihrer Aufgabe hatten und sich das ganze Leben um den Job gedreht hat.

Vielleicht erkennen Sie sich in dem ein oder anderen Beispiel wieder.

Möglicherweise gehören Sie aber auch zu den Personen, denen – bringen wir es mal auf den Punkt – einfach übel mitgespielt wurde. Ihre Stelle wurde von heute auf morgen ersatzlos gestrichen. Schon vor langer Zeit wurden Ihnen unmerklich mehr und mehr verantwortungsvolle Aufgaben weggenommen und einer »jungen Kollegin« zugeteilt?

Man hat Ihnen im Rahmen eines Um- oder Restrukturierungsprozesses ein Austrittsangebot gemacht, Ihnen aber eigentlich keine Wahl gelassen?

Egal, welches Szenario es ist, was Ihrer Situation am nächsten kommt, irgendwann ist er da:

Der letzte Arbeitstag

Vielleicht planen Sie hier die große Party im Büro, die über den ganzen Tag gehen soll, weil Sie über die vielen Jahre so viele Menschen im Unternehmen kennengelernt haben, von denen Sie sich jetzt verabschieden wollen. Ich habe schon Menschen erlebt, die tatsächlich eine Verabschiedung über den ganzen Tag geplant hatten und später bitter enttäuscht waren, weil sich kaum ein Kollege wirklich Zeit nahm oder nehmen konnte. Alle waren beschäftigt, kamen für wenige Minuten, nur um dann schnell wieder zum Arbeitsplatz zurückzukehren.

Es liest sich wie ein konstruiertes Beispiel? Es ist tatsächlich weder ein seltenes Prozedere noch eines aus dem letzten Jahrtausend. Derartige Abschiedsszenarien werden noch immer in vielen Unternehmen und Behörden praktiziert.

Sie möchten überhaupt keinen Abschied? Sie möchten lediglich ihre sieben Sachen packen und abends das Büro verlassen. So, wie Sie es immer taten? Keine gute Idee aus meiner Sicht. Wie viele Jahre haben Sie im Berufsleben, vielleicht sogar im selben Unternehmen zugebracht? Glauben Sie nicht auch, Sie hätten es verdient, sich zu verabschieden oder besser: verabschiedet zu werden? Sich selbst einen Abschied zu gönnen, der Ihre Arbeit und Ihr Engagement der letzten Jahre würdigt und wertschätzt?

Sich selbst einen wertschätzenden und würdevollen Abschied zu gestatten ist ein wichtiger Punkt. Wie sollen andere Ihre Arbeit wertschätzen, wenn Sie selbst es nicht tun? Darum überlegen Sie doch einmal, was für Sie an diesem Tag gut wäre. Was ist Ihr Bedürfnis?

Wenn Ihre Wahl tatsächlich auf ein »Rausschleichen« hinausläuft, dann hinterfragen Sie bitte dieses Bedürfnis. Ist es wirklich das Finale, was Sie wollen? Oder gibt es eine bestimmte Ursache dafür? Eine, die im Job oder im Job-Umfeld liegt?

Aus meiner Coaching- und Seminarpraxis weiß ich, dass dieser Wunsch nach »einfach rausschleichen« meist in einem unangenehmen Arbeitsumfeld begründet ist. »Mit denen will ich doch jetzt nicht auch noch feiern!«

Sich einfach rauszuschleichen ist wie ein Buch, das nicht zu Ende gelesen wurde. Haben Sie schon einmal ein Buch vor dem Finale zugeklappt? Wenn ja, dann kennen Sie bestimmt auch das Gefühl der Neugier, doch irgendwie wissen zu wollen, wie es denn nun ausgegangen ist. Bei einem realen Buch können Sie den Schluss lesen, wenn Sie es möchten. Im Falle Ihres Abschieds können Sie das nicht. Selbst wenn Sie es jetzt, hier und heute nicht wissen möchten, wird es Sie möglicherweise lange begleiten, dieses Gefühl, etwas versäumt zu haben. Wie es möglicherweise gewesen wäre, wenn es eine offizielle Verabschiedung gegeben hätte.

Schließen Sie Ihr Buch des Arbeitslebens erst, wenn Sie es auch zu Ende gelesen haben. Ansonsten könnte Sie der bittere Beigeschmack, nicht zu wissen, wie es gewesen wäre, lange begleiten. Sie werden merken, ja fühlen, dass Ihnen etwas fehlt. Heimlich herausschleichen ist nicht wie früher, als Sie sich vielleicht als Jugendlicher still und leise aus dem Haus geschlichen haben, um schöne Dinge zu erleben. Diesen Adrenalinstoß bekommen Sie beim »Rausschleichen« aus dem Job nicht.

Es gibt so viele Möglichkeiten dazwischen. Haben Sie eine Idee? Sie könnten etwa eine Liste anfertigen, wer Ihnen wirklich wichtig ist und mit wem Sie zum Abschied gerne ein paar nette Stunden verbringen möchten. Je nach Umfang der Liste können Sie jetzt planen, was Sie gerne mit diesen Menschen machen möchten. Denken Sie daran, eine wie auch immer geartete Abschiedsveranstaltung muss nicht zwangsläufig am Arbeitsplatz stattfinden.

Sie sollten vielleicht nur Ihr Budget im Auge behalten. Manchmal ist es schöner, im privaten Rahmen zu feiern. Sie können sich aber auch mit mehreren Kollegen, die ebenfalls in den Ruhestand gehen, zusammenschließen. Aber bitte nur, wenn dies zwischenmenschlich und zeitlich stimmig ist. Wenn die Feier nicht zeitnah zu Ihrem Austritt durchgeführt werden kann, hat sie oftmals einen faden Beigeschmack. Es fühlt sich für die meisten dann seltsam an. Wenn die Kollegen nicht passen, lassen Sie es auch bleiben.

Eine Alternative kann sein, einige handverlesene Wegbegleiter zu einem schönen Essen einzuladen. Senden Sie doch allen anderen eine freundliche E-Mail und verabschieden sich. Auch diese Variante ist in der heutigen Zeit absolut üblich. Vielleicht kommt sogar der eine oder die andere Kollegin spontan vorbei, um sich von Ihnen zu verabschieden.

Eigene Erfahrung:
Meinem Mann war nicht nur durch die speziell eingeleitete Art seiner Altersteilzeit nicht ganz fair mitgespielt worden, es gab auch andere Gegebenheiten, die ihn sehr an einer Feier zweifeln ließen. Und schon gar nicht im Firmenumfeld. Lange haben wir hin und her überlegt, was am besten für ihn sei. Ich wusste, der Abschied an sich fiel ihm nicht leicht. Es wäre nicht gut gewesen, wenn er einfach so gegangen wäre. Was er definitiv nicht wollte, war ein Abschied in den Firmenräumlichkeiten. Und obwohl er im Unternehmen der berühmte bunte Hund war, wollte er auch nicht jeden bei seinem Abschied sehen.

Wir waren zu diesem Zeitpunkt noch im Ruderverein Bochum. Dort gab es die Möglichkeit, die im Vereinshaus vorhandenen Räumlichkeiten zu mieten und auf diese Weise eine Feier im lockeren Rahmen abzuhalten. Im nächsten Schritt überlegte sich Jürgen, wer seine Wegbegleiter, egal ob für eine lange oder kurze Zeit, waren, von denen er sich gerne persönlich verabschieden wollte. Nach 35 Jahren im selben – wenn auch immer wieder anders firmierten – Unternehmen kam schon eine stattliche Personenzahl zusammen.

Von den anderen hatte er sich per Mail verabschiedet. Einige fühlten sich garantiert auf den Schlips getreten, weil sie nicht eingeladen worden waren, aber: Es war Jürgens Feier!

Eine Kollegin hatte für den Abschied eine tolle Idee: Sie organisierte eine Polaroid-Kamera und fotografierte jeden Gast bzw. jedes Gästepaar. Die Bilder wurden auf ein buntes Blatt geklebt und jeder durfte etwas, was ihm gerade zu Jürgen oder der Zusammenarbeit mit ihm einfiel, aufschreiben. So ein bisschen wie eine »Lose-Gäste-Blatt-Sammlung«. Dies war in Anlehnung an das sogenannte Lose-Blatt-Vertriebshandbuch, das die »Bibel« des Vertriebs darstellte. Jürgens Exemplar war immer besonders gut gepflegt. Am Ende entstand daraus ein Abschiedshandbuch-Ordner, voll mit Bildern und guten Wünschen. Ein Geschenk, das noch heute in unserem Bücherregal steht. Eine schöne Erinnerung und eine große Form der Wertschätzung.

Sein aktueller Vorgesetzter war übrigens nicht auf der Feier. Dieser erschien auch am letzten Arbeitstag nicht im Büro, um sich zu verabschieden. Vorher auch nicht. Wie bereits erwähnt war Jürgen 35 Jahre lang sehr erfolgreich im Vertrieb in diesem

Unternehmen tätig. Von Wertschätzung seitens der aktuellen Führung keine Spur. Umso wichtiger war die Feier mit Kollegen und Freunden.

Der Abschied im virtuellen Umfeld

Dieses Buch ist in Corona-Zeiten entstanden. Eine Zeit, in der es nur bedingt sinnvoll ist, sich über persönliche Zusammenkünfte Gedanken zu machen, da sie nicht in jedem Umfang gestattet sind. Die Überlegung, eine Feier in geschlossenen Räumen mit Mund-Nasen-Schutz zu begehen, ist auch nicht für jeden verlockend, geschweige denn die notwendigen Abstandsregeln einzuhalten. Schließlich ist das Bedürfnis, sich zum Abschied in den Arm zu nehmen, bei den meisten gerade zu diesem Anlass verhältnismäßig hoch.

Doch nicht nur das Social Distancing macht es notwendig, über Alternativen nachzudenken. Wie weit verbreitet ist es heute, dass wir in virtuellen Teams arbeiten und die Kollegen sowieso nur selten persönlich zu Gesicht bekommen? Vor allem, wenn sie in anderen Städten, ja vielleicht sogar in anderen Ländern leben und arbeiten und für einen Abschied nicht einfach anreisen können. Dennoch möchten wir uns von ihnen verabschieden. Glücklicherweise gibt es auch für diesen Zweck Lösungsmöglichkeiten.

Feiern Sie Ihren Abschied doch einfach virtuell. Fragen Sie dazu Ihre Führungskraft, ob Sie die Meeting-Plattform, die ihr Unternehmen für ihre Online-Meetings einsetzt, für Ihren Online-Abschied nutzen dürfen. Auch auf diesem Weg können Sie

Nähe aufbauen und die Menschen sehen, mit denen Sie gerne und wahrscheinlich auch viel Arbeitszeit verbracht haben.

Auch online gibt es die Möglichkeit, beispielsweise ein Gästebuch mit vielen guten Wünschen zu erstellen. Hier gibt es Plattformen wie z.B. »Ideaflip« oder »Miro«, auf denen es kostenlose Varianten gibt und die für solche Zwecke hervorragend nutzbar sind.

Da bei einem Online-Abschied das Budget nur eine nachgeordnete bis keine Rolle spielt, ist diese Form der Verabschiedung auch in einem größeren Rahmen gut umsetzbar. Bedenken Sie allerdings, dass Sie, je nach Meeting-Plattform, nur eine begrenzte Anzahl an Teilnehmer-Bildern auf dem Bildschirm sehen. Also sollte auch dieser Kreis wohlüberlegt sein. Im Prinzip gilt auch hier: weniger ist mehr.

Unter **www.brittavonderlinden.de/downloads** finden Sie auch zu diesem Thema eine Checkliste.

Tipp:

Überlegen Sie, von wem Sie sich persönlich verabschieden möchten.

  - Kollegen
  - Vorgesetzte
  - langjährige berufliche Weggefährten
  - Kunden

- Mit wem möchten Sie den Übergang in einen neuen Lebensabschnitt noch verbringen?
  - Familie
  - Freunde
- Kommt ein virtueller Abschied in Frage?
  - Wieviel Personen wären hier möglich?
- Möchten Sie ein virtuelles Gästebuch vorbereiten oder vorbereiten lassen?
- Bei wem möchten Sie sich nur per E-Mail verabschieden?
- Hat ein Kollege, mit dem Sie sich gut verstehen, vielleicht das gleiche Austrittsdatum und Sie könnten sich in Sachen Abschiedsfeier zusammentun?
- Wie hoch ist Ihr Budget?
- Wo könnten oder würden Sie gerne feiern?
- Wenn Ihnen die Idee mit dem Gästebuch gefällt, bitten Sie jemanden, diese für Sie durchzuführen. (Die Polaroid-Kamera hatte hierbei einen besonderen Charme, da die Bilder sofort physikalisch vorhanden waren. Außerdem konnten die Bilder den guten Wünschen sofort zugeordnet werden und zum Ende der Feier war alles fertig.)
- Machen Sie sich selbst eine Freude an Ihrem letzten Arbeitstag, zeigen Sie sich selbst die Wertschätzung Ihrer geleisteten Arbeit. Womit? Ich bin überzeugt, Ihnen fällt etwas ein.

Kapitel 5
Glaubenssätze und Werte

Wenn wir darüber nachdenken, wie wir unser Leben nun weiter gestalten möchten und in welche Richtung es gehen soll, ist es hilfreich, einmal darauf zu schauen, was unser Denken und Handeln beeinflusst. Zum einen sind es die Erfahrungen, die wir in unserem bisherigen Leben gemacht und die Lehren, die wir daraus gezogen haben. Zum anderen sind es unsere Glaubenssätze und Werte. Unsere inneren Regeln, die wir meistens schon in ganz frühen Jahren – gewissermaßen mit der Muttermilch eingesogen – für uns verinnerlicht haben. Die Wenigsten reflektieren ihre Glaubenssätze und Werte immer mal wieder, um zu prüfen, was jetzt gerade wichtig ist. Sind die Einstellungen für uns noch relevant? Haben sie tatsächlich noch Bedeutung für uns oder dürfen wir uns von ihnen verabschieden? Doch was genau meine ich eigentlich mit Glaubenssätzen und Werten?

Glaubenssätze

Nun, gerade sogenannte Glaubenssätze oder auch Überzeugungen sind es, die unser Leben oft beeinflussen. Sicherlich kennen Sie alle irgendwelche Sätze, die Sie schon ewig begleiten und die nicht immer hilfreich sind. Manch einer nennt es auch »Mantra«. Sätze, die wir oft zu uns selbst sagen – übrigens reicht es auch schon diese zu denken –, um uns in eine bestimmte, meist negative Stimmung zu bringen.

Glaubenssätze – und nein, sie haben primär nichts mit dem spirituellen Glauben oder der Kirche zu tun – können sowohl positiv als auch negativ sein. Die guten Sätze stützen uns. Sie sind jene, die uns psychisch nähren können. Die uns motivieren und stärken. Sätze, wie: »Ich schaffe, was ich mir vorgenommen habe«, »Ich bin gut, so wie ich bin«, »Ich verdiene es, glücklich zu sein« und so weiter. Es gibt unendlich viele dieser positiven Glaubenssätze, wie auch deren negativen Varianten.

Sätze, wie: »Ich kann mich auf niemanden verlassen«, »Ich bin stark, ich schaffe das«, »Ich muss es allen recht machen«, »Ich muss perfekt sein« wirken hingegen lähmend, lenken die Energie in eine falsche Richtung, hemmen unser Denken und fordern von uns Dinge, die wir oft gar nicht zu geben bereit sind.

Eine Teilnehmerin sagte mir einmal: »Wenn ich jetzt in Rente gehe, dann wird niemand etwas erfahren. Ich werde jeden Morgen weiter wie bisher aus dem Haus gehen. Alles wird sein wie immer.« Auf meine Frage, welcher Grund hinter diesem Vorhaben stehe, sagte sie: »Wissen Sie, ich muss mich um meine Mutter kümmern, diese ist pflegebedürftig. Wenn ich ihr nun sage, dass ich in Rente gehe, erwartet sie, dass ich mich rund um die Uhr um sie kümmere. Schließlich bin ich ja ihre Tochter und ich muss mich um sie kümmern.«

Nicht nur mich, auch die anderen Teilnehmenden hat diese Aussage gleichermaßen berührt und erschreckt. Hier wollte jemand sein Leben im wohlverdienten Ruhestand einem Glaubenssatz unterordnen: »Ich muss mich um sie kümmern, ich bin ja ihre Tochter.«

Manchmal hilft es auch, die Formulierung solcher Sätze zu verändern, um sie wieder positiver besetzt in unserem Leben zu integrieren. Zum Beispiel aus einem »ich muss« ein »ich möchte« oder »ich will« zu machen. Bleiben wir doch einmal bei diesem Beispiel meiner Teilnehmerin, das mir, zumindest von der grundlegenden Aussage her, immer wieder begegnet. Ich werde nun bewusst etwas provokativer: Muss ich mich tatsächlich um meine Eltern kümmern? Vielleicht haben Sie kein gutes Verhältnis zu ihnen. Und dennoch fühlen Sie sich nun in der Pflicht, sich um sie zu kümmern?

Versuchen Sie doch einmal, das kleine Wort »muss« in »will« zu verändern und lassen Sie den Satz erneut auf sich wirken. »Ich will mich um meine Eltern kümmern.« Verändert sich etwas? Wird der Druck, den Sie soeben noch gespürt haben, vielleicht etwas weniger? Eventuell fühlt es sich für Sie auch selbstbestimmter an. Wenn ich selbst etwas will, mache ich es freiwillig.

Im Kapitel über »Kür und Pflicht« widmen wir uns jenen Möglichkeiten, wie wir generell mit solchen Situationen umgehen können.

Wie Sie an diesem Beispiel sehen, ist es möglich, negative Glaubenssätze, die wir haben, auch zu hinterfragen. Manche, die wir vielleicht bereits seit unserer Kindheit mit uns herumgetragen haben, besitzen im Erwachsenenalter möglicherweise gar keine Relevanz mehr und deshalb sollte man sie aussortieren. Wir können sie natürlich auch wertschätzend verabschieden. Rituell.

Tipp:
Schreiben Sie Ihre hinderlichen Glaubenssätze auf einen Zettel, vielleicht auf schönes Briefpapier. Würdigen und danken Sie jeden dieser Glaubenssätze und lassen alle in Rauch und Asche aufgehen, jedoch nicht wie Phoenix aus der Asche wieder aufsteigen. Ein solches Ritual kann eine sehr reinigende Wirkung besitzen. Vielleicht fällt Ihnen selbst auch eine Möglichkeit ein, wie Sie sich dauerhaft von Ihren negativen Glaubenssätzen verabschieden können.

Werte

Ähnlich verhält es sich mit unseren Werten. Was genau ist es, das uns wichtig ist?

Was davon bestimmt unser Leben? Zwei Werte, die der deutschen Kultur früher immer zugeschrieben wurden, waren Ordnung und Pünktlichkeit. Sind Sie vielleicht auch mit dem Satz: »Fünf Minuten vor der Zeit ist die rechte Pünktlichkeit« groß geworden? Ich habe meinen Opa heute noch in den Ohren. Zugegeben, es ist nicht mein oberster Wert, doch ich halte mich heute immer noch daran. Dieser Satz ist übrigens Glaubenssatz und Wert zugleich.

Werte ändern sich. Sie passen sich oft an unser Leben an oder besser wir sie, wie wir die Kleidung an die Jahreszeiten anpassen. Und dann gibt es Werte, die reflektieren wir wenig, da sie uns nur unbewusst, aber deswegen nicht weniger mächtig, begleiten. Genau hier gilt es anzusetzen und zu beobachten, ob es Werte gibt und wenn ja, welche eher hinderlich als förderlich sind. Es ist sinnvoll, herauszufinden, welche Werte es genau sind, die wir leben und die uns wichtig sind.

Überlegen Sie einmal konkret, welches Ihre Werte sind. Was ist Ihnen wichtig?

Diese Werte sind es auch, mit denen wir uns unter Stress setzen, genau wie die negativen Glaubenssätze. Vielleicht fallen jetzt im Ruhestand auch Werte weg, die einfach keine Bedeutung mehr haben, da sie nur für das Berufsleben Gültigkeit hatten. Werden diese Werte von anderen verletzt, bereitet uns das auch Stress. Ja, es macht uns sogar mitunter wütend, traurig oder gar zornig.

Gerade zu Beginn des Ruhestandes ist es in Bezug auf die Paarbeziehung sinnvoll, dass jeder Partner, jede Partnerin einmal für sich und dann beide gemeinsam darauf blicken, welche Werte für sie wichtig sind. Denken Sie daran: Es geht schließlich darum, Ihren Ruhestand so angenehm wie möglich zu gestalten und ihn gegebenenfalls als Paar neu zu gestalten. Das kann in Konsequenz auch bedeuten, dass beide Kompromisse eingehen, doch auch das ist nichts Neues. Eine Partnerschaft ist in der Regel ja immer ein Geben und Nehmen. Leider vergessen es viele immer wieder.

Doch nun ist der Zeitpunkt gekommen, auch in dieser Hinsicht bestimmte Dinge zu überdenken.

Eine kleine Übung

Suchen Sie sich einen ruhigen Ort. Wählen Sie aus der nachstehenden Tabelle mit 100 Werten einmal Ihre zehn wichtigsten und größten Werte aus. Nehmen Sie sich ruhig Zeit dafür. Diese Tabelle erhebt keinen Anspruch auf Vollständigkeit. Sie haben einen Wert, der nicht in der Tabelle steht, für Sie aber sehr wichtig ist? Dann fügen Sie diesen in die Liste der zehn wichtigsten Werte hinzu.

Priorisieren Sie diese ausgewählten Werte dann dahingehend, dass Sie herausfinden, welcher davon Ihr höchster Wert ist. Wägen Sie der Reihenfolge nach Wert 1 gegen 2, gegen 3, gegen 4 und so weiter ab. Bis Sie wissen, welche Rangordnung Wert 1 hat. Das machen Sie nun mit allen anderen Werten genauso. Daraus ergibt sich dann Ihre ganz persönliche Werteliste.

Wofür das gut ist? Zum einen haben Sie nun einen Wert ermittelt, der, wenn er durch andere verletzt wird, einen hohen Stressfaktor darstellt. Diesen Wert zu kennen, kann Ihnen helfen, besser mit Stress umzugehen, ihn vielleicht sogar zu reduzieren. Wenn ich weiß, was mich stresst, kann ich im besten Fall vorbeugen oder mir Handlungsalternativen überlegen.

Zum anderen ist es hilfreich, sich generell mit seinen Werten und damit auch seinem Handeln auseinander zu setzen, denn nicht jeder Wert trägt uns ein Leben lang.

Tragen Sie hier Ihre 10 wichtigsten Werte in die linke Spalte ein. Nach der Priorisierung tragen Sie ihn in die rechte Spalte ein.

<u>Meine ganz persönliche Wertetabelle:</u>

Werte ohne Priorisierung	Priorisierte Werte
	01.
	02.
	03.
	04.
	05.
	06.
	07.
	08.
	09.
	10.

Sie möchten nicht in dieses Buch schreiben? Auch diese Übung finden Sie unter *www.brittavonderlinden.de/downloads.*

100 Werte

Vernunft
Struktur
Systematik
Effektivität
Freiheit
Eigentum
Ausgeglichenheit
Treue
Spiritualität
Reichtum
Beweglichkeit
Hilfsbereitschaft
Rücksicht
Ästhetik
Partnerschaft
Offenheit
Flexibilität
Transparenz
Genuss
Glauben
Wissen
Fitness
Heimat
Sinnlichkeit
Kreativität

Sinn
Sensibilität
Lust
Liebe
Schönheit
Ruhe
Nachhaltigkeit
Vertrauen
Respekt
Macht
Kraft
Individualität
Ehre
Gesundheit
Zuverlässigkeit
Würde
Innovation
Gewinn
Ausstrahlung
Einfachheit
Jugend
Tradition
Anerkennung
Ehrlichkeit
Güte

Familie
Bildung
Disziplin
Mut
Perfektion
Diskretion
Eigenständigkeit
Sexualität
Frieden
Agilität
Humor
Authentizität
Entwicklung
Toleranz
Schnelligkeit
Wissen
Qualität
Perspektive
Anmut
Harmonie
Weisheit
Sicherheit
Gepflegtheit
Entspannung
Lebendigkeit

Wandel
Geld
Zeit
Stabilität
Effizienz
Klarheit
Freundschaft
Nutzen
Loyalität
Stärke
Kultur
Zufriedenheit
Optimismus
Solidarität
Verantwortung
Empathie
Vielfalt
Muße
Frische
Geborgenheit
Achtsamkeit
Ordnung
Sparsamkeit
Kreativität
Integrität

Kapitel 6
Den Tag mit Leben füllen

Der Ruhestand wird für viele Menschen als jene Zeit empfunden, die entweder am meisten herbeigesehnt oder am meisten gefürchtet wird. Die einen haben Pläne und wissen gar nicht, wo sie anfangen sollen, während sich die anderen vor der nunmehr reichlich vorhandenen Freizeit, die es nun zu füllen gilt, fürchten.

Hier schwingt die Angst mit, gewissermaßen zu verlottern, schon morgens das Frühstücksfernsehen einzuschalten und dann nicht mehr den Dreh zu bekommen, den Ausschalter zu finden. »Hartz-IV-Fernsehen«, wie es oft so despektierlich genannt wird. Und schon ist der Tag vorbei.

Gehen wir einmal davon aus, dass Sie Vollzeit beschäftigt waren oder sind. Nun sind Sie im Ruhestand und Sie haben mindestens acht Stunden mehr freie Zeit am Tag. Plus entfallende Fahrtzeiten. Das kann pro Tag durchaus zusätzliche rund ein bis zwei Stunden ausmachen. Wie gefällt Ihnen die Vorstellung, sich etwa 10 Stunden am Tag nur auszuruhen und nichts Konkretes zu unternehmen? Zu Beginn ist das sicherlich noch eine großartige Sache, es fühlt sich an wie der berühmte nie enden wollende Urlaub, doch irgendwann kommt erfahrungsgemäß für jeden der Punkt, an dem er oder sie sich nach Beschäftigung sehnt.

Was uns ab diesem Moment dann antreibt, ist recht simpel: Das Gefühl gebraucht zu werden, dem Leben einen Sinn zu geben. Ich hatte am Anfang dieses Buches darüber berichtet, dass die Depressionsrate und in Folge auch die Suizidrate im Alter recht hoch ist. Häufig ist genau dies der Grund: ein Leben ohne Sinn und ein Gefühl der Nutzlosigkeit. Insbesondere die Sinnhaftigkeit ist es, die unser Leben lebenswert und erstrebenswert macht und ist diese nicht gegeben, fehlt uns vielfach der Motivator. Genau für diese Sinnhaftigkeit sind wir jedoch selbst verantwortlich. Nur wir selbst haben es in der Hand, dass wir uns glücklich fühlen und unserem Leben einen Sinn geben. Äußere Umstände können es unterstützen, doch es liegt an uns, wie wir mit den Gegebenheiten umgehen.

Die Umfeld-Analyse

Bevor Sie sich Gedanken darüber machen, wie Ihr Tag denn so aussehen könnte, ist es äußerst sinnvoll, darauf zu achten, wie sich Ihr Umfeld gestaltet und vor allem, welche Erwartungen Ihr Umfeld an Sie stellt. Denken Sie an die Dame, die nicht preisgeben mochte, dass sie nun in den Ruhestand ging.

Wen genau gibt es in Ihrem Umfeld, der sich mehr als Sie selbst darauf freut, dass Sie in den Ruhestand gehen? Sind mit dieser Person Verpflichtungen verbunden oder – was auch nicht unbedingt besser ist – Freizeitstress? Recht häufig erlebe ich Teilnehmer oder Klienten, die mir erzählen, wie sehr sich ihre Kinder bereits freuen, dass die Großeltern endlich die Kinderbetreuung übernehmen könnten. Ich kann Ihnen aus eigenem Erleben sagen, es bereitet viel Freude, sich um die Enkel zu kümmern, doch nicht unter der Prämisse, damit einen neuen verpflichtenden Job anzutreten.

Eigenes Beispiel:
Ich hatte schon erwähnt, dass kurz nach dem Eintritt in den passiven Teil der Altersteilzeit meines Mannes unsere zweite Enkeltochter geboren wurde. Da ich zu dieser Zeit parallel meine Selbstständigkeit aufgebaut hatte und mir meine Arbeitszeit so frei wie nie einteilen konnte, verbrachten wir beide viel Zeit mit den Enkeln. Dann kam irgendwann die Zeit, in der mein Mann mehr und mehr eingebunden wurde. Er hat das auch sehr gerne gemacht, doch manchmal war es die Selbstverständlichkeit, mit der morgens um sieben Uhr ein Anruf kam, weil die Kinder am Vortrag vergessen hatten, Bescheid zu geben, dass seine Unterstützung gefragt war. Er war davon durchaus etwas genervt. Solche Anrufe prägten dann irgendwann den Satz: Der Opa ist noch »bettwarm«, wenn jener besagte Anruf kam, mein Mann aus dem Schlaf gerissen wurde, sich dann aber in Windeseile auf den Weg machte. Ja, mein Mann gehört auch heute noch zu den sogenannten Eulen, den Spät-Aufstehern. Etwas, das er erst seit seiner Rente ausleben kann. Vom frühen Vogel hat er noch nie viel gehalten.

Abgesehen davon wurde hier einer seiner Werte verletzt, nämlich ein wertschätzender Umgang mit seiner Zeit, auch wenn er es liebte, die beiden Mädels morgens zur Schule und zum Kindergarten zu bringen. Wenn noch Zeit war, mit ihnen beim Bäcker um die Ecke »Kaffeetrinken« zu fahren. Die Mädels übrigens auch! »Wir waren mit Opi Kaffee trinken«, hörten wir sie des Öfteren ihren Eltern erzählen.

Wie Sie an diesem Beispiel sehen, ergibt es durchaus Sinn, genau darauf zu achten, was sich denn so in Ihrem Umfeld abspielt und diese Situationen und Gegebenheiten dann entsprechend einzusortieren. Es können auch ganz andere Themen – wie zum Beispiel die Pflege von Eltern oder Schwiegereltern – sein, die Ihr Leben beeinflussen.

Vielleicht haben Sie sich bereits früh dazu verpflichtet, nach Ihrem Arbeitsleben ein Ehrenamt auszuüben. Unter Umständen sogar, ohne den genauen zeitlichen Bedarf vorher zu kennen. Dies soll nun kein Einwand gegen das Ehrenamt sein. Ich möchte Sie nur dazu animieren, sich Gedanken darüber zu machen, wie viel Zeit Sie bereit sind, für andere bzw. für ein Ehrenamt zu geben.

Kür oder Pflicht

Wenn wir Gedanken darüber anstellen, wer oder was in unserem Umfeld so alles da ist, eventuelle zeitliche Ansprüche anmeldet, dann kristallisiert sich recht schnell heraus, wie viel Zeit wir im Ruhestand tatsächlich haben. Nicht zuletzt wird gerade über die Rentner gemunkelt, sie hätten nie Zeit.

Liegt es vielleicht auch daran, dass nun alles etwas langsamer erledigt wird, weil kein Zeitdruck mehr dahintersteht? Oder weil es nicht mehr so schnell wie früher geht, der ganz normale Alterungsprozess fortschreitet? Einer meiner Großonkel klagte, damals allerdings schon weit in den 80ern, der Tag sei so kurz. Seine Frau schmunzelte dann immer und bemerkte gleichzeitig: »Na, wenn du tagsüber so viel schläfst.«

Auch das Bedürfnis nach einem kurzen Mittagsschlaf ist im Ruhestand etwas, dem wir nun endlich nachgeben können. So einfach mal, auch mitten in der Woche. Wer hat nicht schon davon geträumt, einen Mittagsschlaf zu halten und ein paar Minuten in sich zu gehen. Dazu kommt, dass sich im zunehmenden Alter der Schlafrhythmus verschiebt, da wir nun nicht mehr in aller Herrgottsfrühe aufstehen müssen. Nein, wir können jetzt wach werden, wenn wir mit dem Schlafen fertig sind.

Mehr zum Thema »Schlaf im Alter« finden Sie im nächsten Kapitel »Fit im Ruhestand«.

Anleitung zur Selbstreflektion

Wenn wir also darüber nachdenken, was denn alles so zu erledigen ist, kommen meist doch – zumindest in den ersten Jahren des Ruhestands - eine Reihe von Aufgaben zum Vorschein. Auch dies ist natürlich wieder abhängig von der jeweiligen Lebensform. Bewohnen wir ein Häuschen oder eine Wohnung mit Garten ergeben sich hier jahreszeitenbedingt Aufgaben, die ein anderer ohne Garten natürlich nicht hat. Auch wenn hier vermutlich das Hobby »Garten« im Vordergrund steht. Eine freiwillig gewählte Pflicht also.

Welche Pflichten haben Sie noch? Welche Aufgaben sind unumgänglich? Womit beschäftigen Sie sich nun, weil es nicht anders geht? Keine Angst, viele Ruheständler, die ich kenne, sagen mir, dass mit zunehmendem Alter die Pflichten immer weniger werden.

Auf der anderen Seite sind aber auch diejenigen, die so gar nichts mit ihrer Zeit etwas anzufangen wissen. Dabei handelt es sich um einen Punkt, den ich häufig bei Menschen erlebe, die entweder über den Ruhestand hinaus noch einem Teil ihres Jobs nachgegangen sind oder aber jene, die so viel zu aktiven Berufszeiten gearbeitet haben, dass für Hobbys keine Zeit mehr blieb.

Was also unternehmen Sie in einem solchen Fall? Wie können Sie den Tagen mehr Leben geben? Überlegen Sie doch einmal, was Sie früher gerne gemacht haben und irgendwann aufgehört haben:

- Was haben Sie gerne gemacht?
- Warum haben Sie damit aufgehört?
- War es zu wenig Zeit?
- Oder Geld?
- Hat es keinen Spaß mehr gemacht?
- Gab es gesundheitliche Gründe?
- Würden Sie gerne wieder damit beginnen?

Die nächsten Fragen, die Sie sich stellen sollten, lauten:

- Was wollte ich immer schon mal machen?
- Wozu hatte ich früher vielleicht keine Zeit oder auch nicht die Mittel, aber heute?
- Mit wem könnte ich diese Aktivität unternehmen?
- Wer sind Gleichgesinnte?
- Und wo?

Holen Sie sich Informationen aus allen Quellen, die Sie finden können. Wir leben in einer Zeit, in der es noch nie einfacher war, sich mit Informationen zu versorgen. Spannender ist es eher, die Spreu vom Weizen zu trennen.

Selbstverständlich zählt als Beschäftigung auch alles, was Sie schon heute als Hobby betreiben und gerne fortsetzen. In meinen Seminaren erlebe ich es häufig, dass mir Menschen gegenübersitzen, die während ihrer Berufstätigkeit eher selten Zeit haben oder hatten, einem aufwendigen Hobby nachzugehen. Andererseits gibt es Hobbys, die uns mit zunehmendem Maße im Alter schwerer fallen und die wir dann eventuell auch nicht mehr ausüben können.

Während es durchaus Sportarten gibt, die wir bis ins hohe Alter ausüben können, gibt es andere, die die morscher werdenden Knochen zu sehr belasten. Rudern beispielsweise gehört zu den seniorenfreundlichen Sportarten. Ich kann mich noch gut an einen Ruderkameraden erinnern, der mit über 80 Jahren noch in den »Einer« stieg. Irgendwann bekam er einen Herz-Schrittmacher. Nach der OP »joggte« er über den Krankenhaus-Flur, maß seinen Puls und bat die Ärzte, den Schrittmacher auf diese Frequenz einzustellen: Dies sei der Puls, den er beim Rudern hätte.

Sie schütteln den Kopf? Diese Geschichte hat sich originär so zugetragen. Der betreffende Ruderkamerad ist auch nach der OP noch lange ins Boot gestiegen. Auf der anderen Seite gab es einen guten Freund, dessen Leidenschaft der aktive Handball-Sport war. Obwohl er bereits ins Tor wechselte, musste er irgendwann – noch vor seinem 60sten Geburtstag - mit diesem Sport aufhören. Die Knochen, Bänder und Sehnen haben nicht mehr mitgespielt – im wahrsten Sinne des Wortes.

Und dann gibt es die Beispiele, an denen wir merken, dass es eigentlich nie zu spät ist, mit etwas Neuem zu beginnen. Eine andere Freundin hat Mitte ihrer 60er begonnen, regelmäßig »Zumba« zu tanzen. In einer ihrem Alter angepassten Gruppe. Die Damen hatten ihren Spaß, blieben beweglich und fit und zusätzlich bauten sie noch ein tolles soziales Netzwerk auf. Also in jeder Hinsicht ein Gewinn.

Okay, nun ist Zumba nicht jedermanns Sache, doch es ist lediglich ein Beispiel für die vielen Möglichkeiten, die sich uns bieten. In einem kleinen Fitnessstudio für Yoga, Pilates, Rehasport und ähnliche Aktivitäten, das bei mir direkt um die Ecke ist, trainiert eine Damenriege um die 70 täglich eine Stunde am Morgen. Und mit Verlaub, man sieht es den Damen an. Respekt!

Ein Blumenstrauß an Aktivitäten

Aus meinen Seminaren heraus habe ich Ihnen einmal eine Liste zusammengestellt, was meinen Teilnehmenden so alles eingefallen ist, was sie im Ruhestand so alles vorhaben:

- Reisen / Städtereisen
- das Haus / den Keller / den Dachboden / die Garage aufräumen
- den Garten (neu-)gestalten
- umziehen (aufs Land, in eine seniorengerechte Wohnung, näher zu den Kindern ...)
- ein Haus mit eigenen Händen bauen (ja, Sie lesen richtig)
- regelmäßig Sport treiben, z. B.
    - walken

  - joggen (weiterhin)
  - golfen
  - schwimmen / Aquajogging
  - Rad fahren
  - Rudern / Kanu / Kajak
  - Ausdauersport
  - Kraftsport
  - Tanzkurs machen
  - Skilanglauf
- einige Monate mit dem Segelboot »rum schippern«
- mit dem Wohnmobil um die Welt reisen
- in Ruhe die Bücher lesen, die schon seit langem ungelesen im Schrank stehen
- ein Senioren-Studium beginnen
- Kochkurs machen
- Sprachen lernen
- in eine Theatergruppe gehen
- ein Haustier anschaffen oder sich im Tierheim als »Gassi-Gänger« anbieten
- Bildungsangebote (wo auch immer) wahrnehmen
- ein Ehrenamt annehmen
- im Sportverein einen Posten annehmen
- den Übungsleiterschein auffrischen und eine Jugendmannschaft betreuen
- sich als Senior-Experte bei Start-ups beratend einbringen
- regelmäßig Kultur-Veranstaltungen besuchen
- ein Instrument erlernen
- im Chor singen / im Orchester spielen

- Zoobesuche – auch in anderen Städten
- Museumsbesuche
- Hunde / Tiere züchten
- politisch engagieren
- in der Kirche engagieren
- Freundschaften pflegen / auffrischen
- Backen / regelmäßig Brot selbst backen
- schauen, welche Tagesstruktur mir guttut

  …

Das Ehrenamt

Sie sehen, die Liste der Dinge ist lang. Möglicherweise ist das, was Sie gerne machen möchten, noch nicht einmal dabei. Sie wollen sich ehrenamtlich engagieren? Das Ehrenamt ist vielfältig und oft in den einzelnen Städten unterschiedlich angelegt. Einige Möglichkeiten möchte ich Ihnen hier näherbringen:

<u>Tierheim-Hundeführer</u>

Das Gassi-Gehen, etwa mit Tierheim-Hunden, kann eine gute Alternative sein, wenn Sie selbst keinen Hund halten wollen oder können. Sie sind an der frischen Luft, von einem Tier umgeben und meistens lernen Sie hierbei auch noch andere Menschen kennen. Allerdings laufen Sie Gefahr, dass Sie schnell Ihr Herz an das Tier verlieren und es vermittelt wird oder verstirbt.

Sind Sie sich darüber im Klaren, steht einem solchen Ehrenamt nichts im Wege. Sicherlich sollten Sie – je nach Hund –

auch Erfahrung mit den unterschiedlichen Rassen haben. Die Tauglichkeit wird von den Mitarbeitenden der Tierheime vorab geprüft.

Leih-Oma oder Leih-Opa

Wie wäre es mit Leih-Oma oder Leih-Opa? Nicht jede Familie mit Kindern hat Großeltern oder eben solche, die nicht am eigenen Wohnort leben. Und auch nicht jeder, der in den Ruhestand geht, hat Enkel. Hier kann es gut zu Synergien kommen, indem sich beide Seiten unterstützen. Sie betreuen die Kinder ab und zu, im Gegenzug können Sie auch – wenn nötig – Unterstützung bekommen. Unter dem Stichwort Leih-Oma oder Leih-Opa in Kombination mit Ihrem Wohnort finden Sie Plattformen im Internet, die solche Menschen zusammenbringen. Hier gibt es auch Hinweise und Leitfäden für das Zusammenspiel.

Grüne Dame oder grüner Herr

Sie sind kommunikativ und möchten lieber Menschen helfen, die im Krankenhaus liegen und keine Angehörigen haben? Dann werden Sie doch »grüne Dame« oder »grüner Herr«. Menschen, die kleine Botengänge für Patienten in den Krankenhäusern erledigen oder sich manchmal auch einfach nur zu den Patienten setzen und sich mit ihnen unterhalten. Die Namensgebung stammt übrigens von dem grünen Kittel, der von den Ehrenamtlichen in der Klinik getragen wird.

Sterbebegleitung

Es gibt bei einer nicht unbeträchtlichen Anzahl meiner Teilnehmenden die Überlegung, als ehrenamtliche Sterbebegleitung in Pflegeheimen oder Hospizen tätig zu werden. Eine Überlegung, die von allen möglichen Aktivitäten am besten bedacht werden sollte. Hierzu ist es notwendig, psychisch sehr gefestigt zu sein, um nicht mit jedem Bewohner ein kleines Stück »mitzugehen«. Zudem sind immer eine entsprechende Vorbereitung und Ausbildung notwendig.

Auch wenn der Umgang mit Sterbenden, die nicht aus dem engeren Familienkreis stammen, oftmals einfacher ist, bedeutet das nicht, dass er einem automatisch leicht fällt. Ich habe schon Damen gesehen, die trotz aller Vorbereitung dann doch nicht mit dem Sterben umgehen konnten. Damit wir uns nicht falsch verstehen: Mit den Sterbenden sind sie ganz wunderbar umgegangen. Jedoch hatten sie dann im direkten Kontakt doch ein Problem damit, jemanden sterben zu sehen beziehungsweise diesen Menschen dabei zu begleiten.

Verbände wie das »Rote Kreuz« oder die »Johanniter«, um nur zwei Beispiele zu nennen, beraten Sie gerne, wenn Sie über ein solches Ehrenamt nachdenken.

Schöffe

Wollten Sie immer schon mal für Recht sorgen? Dann bewerben Sie sich doch als Schöffe bei Gericht. Ein Ehrenamt, das allerdings nur deutschen Staatsbürgern, logischerweise mit einem einwandfreien großen Führungszeugnis und die nicht älter als 70 Jahre sind, vorbehalten ist. Hierbei sollten Sie bedenken, dass die Gerichtstermine stets verbindlich sind. Ein unentschuldigtes Fehlen oder nicht rechtzeitiges Eintreffen wird mit einem Ordnungsgeld geahndet. Somit könnte dieses Ehrenamt eventuell mit vorhandenen Reiseplänen kollidieren. Ein Schöffe wird jeweils auf fünf Jahre gewählt.

Business-Mentor

Sie möchten gerne mit Ihrer Expertise junge Menschen oder Start-ups unterstützen? Dann fragen Sie doch bei der IHK oder der Handwerkskammer in Ihrer Nähe nach. Hier werden die »Silver-Ager« gerne als Mentoren für diese Zielgruppe in Anspruch genommen.

Es gibt so viele Möglichkeiten sich im Ehrenamt zu engagieren. Wenn Sie »Ehrenamt« und Ihren Wohnort in die Suchmaschine eingeben, wird die Liste unermesslich lang sein. Viele Städte haben mittlerweile sogenannte Ehrenamtsagenturen mit einer Art »Stellenbörse«. Ob als Unterstützer für konkrete Aufgaben in gemeinnützigen Vereinen, wie Webseiten-Betreuung oder als helfende Hand, Heimatkundler, die Führungen übernehmen, Hausaufgabenhelfer oder Koordinatorin von definierten Projekten – ich bin mir sicher, jeder, der sich im Ehrenamt engagieren möchte, findet auch eine geeignete Aufgabe.

Brauchen wir eine Bucket List?

Es wird so häufig davon gesprochen, dass jeder eine sogenannte Bucket List aufsetzen sollte. Eine Liste, die alles enthält, was wir bis zu unserem Lebensende noch erreicht bzw. erlebt haben wollen. Für mich klingt das etwas seltsam. Was geschieht weiter, wenn die Liste abgearbeitet ist? Fallen wir dann in ein tiefes Loch, weil noch Lebenszeit »übrig« ist, aber keine To-do´s mehr?

Schauen wir uns an, wie wir eine solche Bucket List erstellen sollen, dann sieht es eigentlich wie eine große Wunsch-To-do-Liste aus:

- Wählen Sie ein Format, am besten nehmen Sie ein Notiz-Buch oder ein Online-Tool. Egal, welches Format diese Liste haben wird, sie sollte einfach und griffbereit sein.
- Geben Sie der Liste einen Namen
- Benennen Sie nun konkret
    - Dinge, die Sie noch erleben wollen
    - Orte, die Sie noch besuchen möchten
    - Buchtitel, die Sie noch lesen möchten
    - Abenteuer, die noch auf Sie warten
- Schreiben Sie Ihre Wünsche auf
- Haken Sie erledigte Aktivitäten ab
- Holen Sie sich täglich Inspirationen und schreiben Sie diese auf

Die Bucket List ist abgehakt? Wunderbar, dann beginnen Sie am besten jetzt sofort eine neue Liste.

Die Gefahr, in die wir uns bei einer solchen Liste begeben, ist ein gewisser Druck, dem wir uns selbst aussetzen. Wir agieren in diesem Moment, als müssten wir die Vorgaben, die wir nun im Job nicht mehr haben, durch eine Bucket List ersetzen.

Es gibt zwei Gedanken, die mir zu einer Bucket List durch den Kopf gehen. Erstens, warum nennen wir sie nicht einfach Lebensliste? Diese Umdeutung für eine solche Liste stammt von Jeffrey Shaw, einem amerikanischen Coach, Speaker und Autor. Ich muss sagen, diese Bezeichnung gefällt mir sehr gut. Ganz im Sinne von »Dem Tag mehr Leben geben«. Diese Lebensliste erfüllt dann tatsächlich den Zweck, dem Leben mehr Inhalt und Freude zu geben. Der oft fade Beigeschmack eines immerwährenden Wettbewerbs mit uns selbst wird dadurch gemindert.

Zweitens, selbst wenn wir manche Aktivität als Ziel definieren, dann sollten wir auch entsprechend darauf achten, dass diese Aktivität den »Formalien« eines Ziels entspricht. Was bedeutet das? Es gibt eine »Formel«, nach der wir unsere Ziele unter die Lupe nehmen sollten. Das ist die sogenannte SMART-Formel. Diese SMART-Formel wird teilweise ein wenig unterschiedlich definiert, das Ergebnis läuft jedoch auf das Gleiche hinaus.

- **S** - schriftlich oder sinnesspezifisch. Das bedeutet, schreiben Sie auf, was Sie erreichen /erledigen möchten. Ein aufgeschriebenes Ziel wird klarer und gewinnt an Bedeutung. Zudem wird es immer wieder präsent, sobald Sie sich die Niederschrift erneut ansehen. Sinnesspezifisch: Wie fühlt es sich für Sie an? Können Sie die Situation, wenn Sie Ihr Ziel erreicht haben, vor sich sehen? Wie sieht es aus? Können Sie in dieser Situation etwas hören?

- **M** - messbar. Ist Ihr Ziel messbar? In einem Zeitraum, in einer definierten Menge oder ähnlich. Ein Beispiel: »Ich möchte abnehmen« oder »Ich möchte zehn Kilogramm abnehmen«. Sie merken den Unterschied?
- **A** - attraktiv. Ist dieses Ziel für Sie tatsächlich erstrebenswert? Dies ist ein Punkt, auf den insbesondere Paare zusätzlich schauen sollten. Sind die Wünsche oder Ziele, die Sie sich setzen, für beide attraktiv? Oder ist es auch in Ordnung für den jeweils anderen, wenn einer von beiden mal einen Wunsch, ein Ziel für sich allein erfüllen möchte? Achtung: Es muss bei Paaren keine Symbiose stattfinden, dass beide Persönlichkeiten ineinander verschmelzen und aus Zweien ein Individuum wird.
- **R** – realistisch. Ist das, was Sie sich vornehmen, tatsächlich realistisch? Als mir damals ein Teilnehmer sagte, er wolle ein Haus mit seinen eigenen Händen bauen, war ich ehrlich gesagt sehr skeptisch, wie realisierbar dieses Ziel für ihn war. Er sah jetzt nicht wirklich wie das blühende, vor Kraft strotzende Leben aus. Ganz im Gegenteil. Oder jemand, der sich zum Beispiel eine Alpenüberquerung zu Fuß vornimmt, sollte über eine entsprechende körperliche Fitness und Erfahrung verfügen.
- **T** – terminiert. Sie definieren einen Zeitpunkt, bis zu dem Sie Ihr Ziel erreicht haben möchten. Zum Beispiel: »Ich möchte bis zum xx.xx.20xx eine Reise nach XY machen«.

Wenn Sie nun eine Lebensliste erstellen, ist es ratsam, wirkliche Ziele nach diesen Punkten zu beleuchten. Glauben Sie mir, es erspart Frust und bietet auf der anderen Seite die Möglichkeit, nach Alternativen zu suchen, falls es schon in der Planung scheitert. Diese Liste darf natürlich immer wieder erweitert werden. Es können beispielsweise Aktivitäten enthalten sein, von denen Sie vielleicht schon immer mal geträumt haben, sie umzusetzen. Es können aber auch Dinge sein, die tatsächlich mal erledigt werden sollten. Die Garage, der Dachboden, der Speicher. Sie erkennen sicherlich: Diese Liste lässt sich beliebig erweitern.

Der Unterschied zur ursprünglichen Bucket List besteht darin, dass Sie die Aktivitäten einmal genauer unter die Lupe nehmen und sich so nicht mit Dingen unter Druck setzen, die garantiert nicht erreichbar sind. Vielleicht stellen Sie auch fest, es muss im Vorfeld noch das ein oder andere verändert oder erledigt werden, damit es passt.

Vielleicht möchten Sie auch erst einmal gar keine Pläne erstellen. Auch gut. Doch ich bin überzeugt, irgendwann geht Ihnen so ein Schlendrian auf die Nerven. Ich erinnere mich an eine Bekannte, die ihr Leben lang immer sehr viel – meist selbstständig – gearbeitet hatte. Als sie und ihr Mann irgendwann die Arbeitszeit zunächst reduziert und dann auf null gefahren haben, war erst noch alles gut. Sie lebten jetzt in den Tag hinein und fühlten sich damit wohl. Nun ist sie seit einigen Jahren allein und steuert auf die 80 zu. Sie ist noch sehr fit, körperlich wie geistig, doch häufig höre ich von ihr: »Es ist alles so langweilig.« Ihr Hobby, das Malen, ist irgendwann im Sande verlaufen.

Würde ihr eine Lebensliste heute helfen? Ich kann Ihnen diese Frage nicht mit Gewissheit beantworten, denn ich erlebe es bei Menschen im fortschreitenden Alter fast überall, das Langsamkeit und Müdigkeit mehr werden. Doch bei vielen anderen sehe ich: wenn das Leben beziehungsweise die Aktivitäten noch sinnstiftend sind und zur Zufriedenheit beitragen, weicht die Langeweile und die Lebensqualität wächst.

Und genau da liegt der Schlüssel zur Zufriedenheit: im Sinn der Tätigkeit. Genauso, wie wir es im Berufsleben erleben, nämlich, dass wir am liebsten den Tätigkeiten nachgehen, die für uns Sinn ergeben, so möchten wir dies auch in unserem Ruhestand erleben.

Mir fällt in diesem Zusammenhang immer wieder ein Zitat von Kurt Levin ein, der diesen Zustand so treffend bezeichnet:

> *Die Fähigkeit der Arbeit, dem individuellen Leben Sinn und Gewicht zu geben, wohnt irgendwie jeder Arbeit inne. Ob Sie schwer oder leicht, abwechslungsreich oder monoton ist, sofern sie keine Scheinleistungen hervorbringt, wie das sinnlose Hin- und Herstapeln von Holz in Gefängnishöfen; sie kommt freilich verschiedenen Arbeiten in sehr verschiedenem Maße zu.*
> *(Kurt Levin 1920)*

Egal in welchem Alter – nichts ist schlimmer, als Dinge zu tun, deren Sinn sich uns nicht erschließt. Wir werden langsamer, nachdenklicher und irgendwann hören wir ganz damit auf.

Wenn Ihnen genau jetzt durch den Kopf geht: »Okay, Staubwischen, Saugen, Bügeln, ...« Das lass ich dann mal weg, macht kaum Spaß und sind sogenannte Sisyphus-Arbeiten. Diese Tätigkeiten haben auch ihre Daseins-Berechtigung. Ja, auch ich fühle mich in einer sauberen Wohnung wohler. Ernsthaft, wenn wir Sinn und Erfüllung in einer Beschäftigung sehen und empfinden, steigt gleichzeitig unser Wohlgefühl. Wir fühlen uns gebraucht. Selbst wenn es ein Hobby ist, dass uns zufrieden macht.

Nehmen Sie die Aktivitäten in Ihrem Ruhestand genau unter die Lupe. Uns stehen heute doch fast alle Türen offen!

Urlaub im Ruhestand

Dieses Thema habe ich bereits kurz angesprochen. Sehr viele Menschen, die in den Ruhestand gehen, planen erst einmal einen Urlaub. Sollte er länger oder kürzer ausfallen? Die Antwort auf diese Frage ist sehr individuell. Generell gilt jedoch: Jetzt können Sie reisen, wann immer es Ihnen passt und wie lange es Ihnen Spaß macht. Und natürlich so, wie es der Geldbeutel hergibt.

Oft ist die Liste der Reisewünsche lang. Da spricht nichts dagegen. Sie sollten jedoch gerade im fortschreitenden Alter – und Sie wollen ja sicherlich nicht nur in den ersten Jahren Ihres Ruhestandes reisen – ein paar Dinge berücksichtigen. Seien Sie doch einmal so ehrlich zu sich und betrachten sich selbst aus der Meta-Ebene. Also so, als würden Sie sich und Ihren Körper – inklusive bereits möglichen gesundheitlichen Einschränkungen – von oben betrachten:

- Sind Sie immer noch so leistungsfähig wie früher?
- Fällt es Ihnen immer noch leicht, sich auf langen Autofahrten entsprechend zu konzentrieren?
- Oder merken Sie bereits jetzt, dass Sie eigentlich viel lieber schon mehr oder längere Pausen einplanen möchten?
- Vertragen Sie Hitze noch gut? Oder ziehen Sie ein kühleres Klima vor?
- Wie ist es um Ihre Kondition bestellt? Merken Sie schon einen Ausdauer- und Kraftverlust?

Spätestens die letzte Frage klingt etwas gemein, ich weiß. Doch spätestens ab dem 40. Lebensjahr erleben wir, je nach Fitness-Level, einen stetigen Abbau unserer Leistungsfähigkeit. Wir können selbstverständlich bis zu einem gewissen Grad dagegenhalten und zwar indem wir regelmäßig Sport treiben und auf die Ernährung achten. Dennoch bemerken wir mit zunehmendem Alter, dass die Kräfte langsam, manchmal aber auch mit Brachialgewalt schwinden. Körperliche Belastung, über die wir früher gelacht haben, fällt uns auf einmal schwer. Die kann durch Erkrankungen noch verstärkt werden.

Eigenes Beispiel:
Mit 67 Jahren wurde bei meinem Mann ein Aorten-Aneurysma, eine Aussackung der Bauchschlagader, eher zufällig entdeckt. Die Ärzte waren zuerst, obwohl die Aorta bereits einen Durchmesser von knapp fünf Zentimeter statt von ungefähr zwei Zentimeter hatte, nicht bereit, zu operieren. Doch bei rund 5,2 cm

Umfang – dies übrigens dann nur wenige Monate nach der Diagnose – fand die OP dann kontrolliert, also geplant, statt.

Aus verschiedenen Gründen konnte nicht minimalinvasiv operiert werden, sondern es musste ein großer Bauchschnitt mit Prothese her. Wenn ich hier von einem großen Bauchschnitt rede, spreche ich von einem Vertikalschnitt über ungefähr 30 Zentimeter. Kein kleiner Eingriff also. Nach einer sechsstündigen, nicht ganz komplikationslos verlaufenden, Operation war mein Mann das Risiko einer möglicherweise platzenden Aorta zwar los, doch das Leben veränderte sich schlagartig.

Eine so lange Vollnarkose ist für keinen Organismus ein leichtes Unterfangen, doch je älter wir werden, desto größer ist die Gefahr von Nebenwirkungen beziehungsweise je schlechter kann die Verträglichkeit sein. Es folgte viel Schonung, eine lange Rekonvaleszenz-Zeit und bis heute jedes Vierteljahr eine Kontrolle, ob die Prothese noch richtig sitzt. Immer ein wenig Unsicherheit, inwieweit er denn tatsächlich belastbar ist, wie viel er beispielsweise tragen darf. An Golfspielen war aufgrund der Rotationsbewegung lange nicht zu denken. Schon gar nicht an 18-Loch-Runden. Aus konditionellen Gründen waren es auch ab dann nur noch die wenig hügeligen Plätze, die als möglicher Platz infrage kamen. Wir haben diesen Sport geliebt, ohne Turniere, einfach für uns, an der frischen Luft sein, mit dem Ziel spazieren zu gehen und dabei den ganzen Körper zu bewegen. Damit war jedoch Schluss.

Nun hat Gott sei Dank nicht jeder ein Aneurysma. Es gibt leider so viele andere gesundheitliche Gemeinheiten, die auf uns zukommen können. Von denen wissen wir meist gar nicht, dass es sie überhaupt gibt, die aber unser Leben beeinflussen und beeinträchtigen.

Was hat das nun alles mit Urlaub zu tun? Warum ist es wichtig, sich mit der eigenen Gesundheit zu beschäftigen, wenn es in den Urlaub geht, insbesondere mit zunehmendem Alter? Nun, der Gesundheitszustand entscheidet doch oft unbewusst darüber, wohin und wie lange die Reise geht, welches Verkehrsmittel gewählt wird. So gibt es über 80-Jährige, die es noch lieben, in ferne Länder zu fliegen. Andere, im vergleichbaren Alter, finden es zu anstrengend. Gleiches gilt ebenfalls für die Bahn oder das Auto. Alternativ kommt dann vielleicht noch die Seniorenreise mit dem Bus ins Spiel. Aber auch das müssen Sie mögen, damit Sie Ihren Urlaub genießen können.

Sie sehen, logischerweise sind diese Vorlieben auch wieder sehr individuell. Was können Sie also machen, wenn die Art des Urlaubs, die Sie bisher so geliebt hatten, nun aus gesundheitlichen Gründen nicht mehr möglich ist? Statt zu hadern gilt es umzudenken. An welcher Urlaubsform hätten Sie noch Spaß? Welche Pläne haben Sie generell noch in dieser Richtung?

Sinnvoll wäre es, die vermeintlich anstrengendsten Reisen so früh wie möglich zu absolvieren. Anstrengend in Bezug auf Anreise oder Aktivität vor Ort, aber auch in Bezug auf das Klima.

Ich kann mich noch gut an unseren ersten gemeinsamen Segeltörn in die Ägäis erinnern. Flottillen-Segeln mit sieben

Familien auf sieben Booten. Die Teilnehmenden – von sieben bis über 70 Jahren – waren querbeet über die Boote verteilt. In ein, zwei recht prekären Situationen war es schon von Vorteil, dass wir vom Alter her eine so breit aufgestellte Gruppe waren. Es gab nämlich Manöver, die das Boot mit den über 70-Jährigen, die mit ihrem kleinen Enkel allein an Bord waren, ohne Hilfe nicht bewältigt hätten, obwohl sie sehr erfahrene Segler waren.

Wenn Sie nun planen, sagen wir mal, den Jakobsweg zu einem großen Teil der Strecke zu wandern, dann ist es sicherlich ratsam, sich hierfür Kondition anzueignen und vielleicht auch vorab mal einen ärztlichen Check-up durchführen zu lassen. Warum ich schreibe, was für Sie vielleicht ganz selbstverständlich und logisch ist? Weil ich es schon anders erlebt habe. Da ging jemand in den Ruhestand, ziemlich untrainiert, einfach nur mit dem Willen, diesen Weg zu laufen. Das gab nicht nur Blutblasen an den Füßen, sondern auch der Körper insgesamt wehrte sich gegen die ungewohnten Strapazen.

Vor kurzem sah ich in einem Fernsehbericht ein Ruheständler-Paar, das all sein Hab und Gut auf ein Minimum reduzierte, die Eigentumswohnung verkauft hatte und nur noch im Wohnmobil lebte. Sie fuhren überall dorthin, wo es ihnen gefiel, blieben mal länger, mal kürzer, und zogen dann weiter. Eine Art Dauerurlaub sozusagen. Mein erster Gedanke war: Irgendwie klasse, immer mobil, ganz viel von der Welt sehen. Überschüssigen Ballast einfach abwerfen. Der zweite Gedanke war: Wie verträgt sich das als Paar auf so engem Raum? Egal wie lange ein Paar liiert ist, ist eine solche Enge, in der es wenig bis keine Privatsphäre gibt, ein Prüfstein für jede Partnerschaft. Hier bedarf es nicht nur der Klärung der Bedürfnisse beider Partner. Es ist mindestens genauso wichtig, Rollen und Aufgaben festzulegen, damit die Partnerschaft nicht an den unterschiedlichen Erwartungen und nicht vorhandenen Absprachen zerbricht.

Und die dritte Frage war: Was, wenn einer von beiden einmal ernsthaft krank wird? Vielleicht bin ich ein zu sicherheitsorientierter Mensch. Vielleicht habe ich auch einfach nur so viele Menschen gesehen, die ihren Ruhestand nicht auf ihre Weise mit Leben füllen konnten, weil ihnen die Gesundheit einen Strich durch die Rechnung gemacht hat.

Ich möchte hier auch nicht schwarzmalen. Doch viele Dinge bedenken wir im Überschwank des Gefühls »Jetzt kann ich tun und lassen, was ich möchte« nicht, und wir denken nicht an Konsequenzen, die unsere Entscheidungen haben können.

Spätestens dann, wenn wir regelmäßig auf ärztliche Hilfe angewiesen sind, ist es an der Zeit, unser Urlaubsverhalten neu zu überdenken. Ich kann mich noch sehr gut an Planungen meiner reiselustigen, aber später eben dialyseabhängigen Großtante erinnern. Sie hätte alles darum gegeben, noch einmal eine Flusskreuzfahrt mitzumachen, doch wie sollte das funktionieren? Google sei Dank habe ich in diversen Foren dann Informationen zu Urlaubsreisen mit ärztlicher Betreuung, ja, sogar mit Dialyseeinheiten auf Schiffen, gefunden.

Auch Urlaubsorte bieten hier häufig solche Angebote an. Für meine Tante kam es dann leider nicht mehr zu dieser Reise. Hier war aufgeschoben dann leider aufgehoben.

Schieben Sie die Reisen, wie auch alles andere, das Ihnen wichtig ist, nicht auf. Versuchen Sie Reisen und Vorhaben zu realisieren, solange Sie noch fit sind.

Freundschaften im Ruhestand

Für viele Personen aus meiner Leserschaft ist es wahrscheinlich so, dass Sie über einen festen und langjährigen Freundeskreis verfügen. Freundschaften, die Sie über einen mehr oder weniger langen Zeitraum pflegen und genießen. Wünschenswert wäre es, wenn dies dann auch so bliebe. Doch aus vielen Berichten von Teilnehmenden und Klienten, aber auch aus eigener Erfahrung weiß ich, dass sich auch langjährige Freundschaften auseinanderleben können. Freundschaften können zerbrechen, weil sich der Fokus verändert.

Mal angenommen, Sie und Ihr Partner oder Ihre Partnerin haben bislang sehr viel Freizeit mit einem befreundeten Paar verbracht. Und nun kündigt sich bei Ihnen ein Enkelkind an. Sie freuen sich wie verrückt auf den Nachwuchs, haben direkt Ihre Unterstützung zugesagt, da beide Elternteile berufstätig sind und das auch bleiben wollen. Nach kurzer Zeit sind Sie voll eingebunden in die Betreuung, Ihre freie Zeit wird knapper. Immer öfter kommt es vor, dass Sie Ihre Freunde vertrösten oder Ihnen absagen. Was glauben Sie, wie lange das gut geht? Eine Weile bestimmt sicherlich, doch dann orientiert sich das andere Paar um. Die Freundschaft verläuft sich langsam.

Ein anderes Szenario kann sein, dass Sie seit langen Jahren Teil einer »Clique« sind, die sich regelmäßig trifft und zwei- bis dreimal im Jahr über verlängerte Wochenenden miteinander verreist. Bis auf Ihren Partner sind alle im Ruhestand. Die Gruppe plant diese Wochenenden nun immer etwas länger, es können sogar ganze Wochen daraus werden, in denen man gemeinsam verreist. Bis auf Ihren Partner brauchen alle anderen bei der Urlaubsplanung auf nichts mehr Rücksicht zu nehmen. Ihr Lebenspartner müsste allerdings hierfür jedes Mal den Jahresurlaub in Anspruch nehmen, um an diesen Reisen teilzunehmen. Und schon sind Sie in der Zwickmühle, was Sie machen sollen.

Häufig erlebe ich es in Schilderungen, dass sich diese Paare gegen solche Gruppen-Reisen entscheiden. Irgendwann fehlen dann aber die Höhepunkte an gemeinsamen Erfahrungen mit der Gruppe, denn bei anderen Treffen wird in Erinnerungen geschwelgt oder es werden neue Reisen geplant. Und Sie? Sie gehören mit einem Mal nicht mehr so richtig dazu. Auch solche Kontakte verlaufen dann häufig irgendwann im Sand. Eine andere Ursache mit gleicher Wirkung kann auch sein, dass jemand aus gesundheitlichen Gründen nicht mehr so mitmachen kann, wie er oder sie es möchte. Das kommt in Ihrem Freundeskreis bestimmt nicht vor? Ich wünsche es Ihnen!

Ein weiteres Szenario ist, dass langjährige, gute Freunde mit einem Mal, ohne ein großes Vorkommen, Streit oder ähnlich, die Freundschaft aufgekündigt haben. Knall auf Fall gibt es Vorwürfe, die wir auch mit größter Selbstreflexion nicht nachvollziehen können, und der Kontakt wird abgebrochen.

Wir stehen ratlos da, haben nicht die leiseste Ahnung, was zu dieser Situation geführt hat und bekommen auch keine Antworten, selbst wenn wir danach fragen. Eine Situation, von der ich in der letzten Zeit immer öfter höre und die auch mir selbst schon widerfahren ist.

Dann gibt es die Situation, dass Freunde versterben und eine Lücke hinterlassen. Je älter wir insgesamt werden, umso kleiner wird der Kreis. Meine Tante sagte früher immer: »Das ist wie in dem Kinderlied: »10 kleine Freunde«[3]. Wenn du alt wirst, stehst du irgendwann allein da.«

In allen Beispielen, von denen es sicherlich noch eine Menge Variationen gibt, ist es meist so, dass wir der schönen Zeit hinterhertrauern. Und dann? Wir sehen uns nach neuen Bekannten um, aus denen auch Freunde werden können. Warum? Na, weil soziale Kontakte, im besten Fall reale Kontakte, einen großen Anteil unserer Lebensqualität ausmachen.

Während Sie diese Zeilen lesen, geht Ihnen durch den Kopf, dass Sie gar keine wahren Freunde haben? Sie haben immer viel zu viel gearbeitet und die Pflege von sozialen Kontakten stand häufig hintenan? Oder Sie waren viel zu viel unterwegs, sodass es Ihnen kaum möglich war, Freundschaften oder Kontakte so zu pflegen, dass enge Freundschaft daraus entstehen konnten?

---

[3] Der Original-Titel ist ja, wie Sie wissen, politisch nicht mehr korrekt.

Na, dann: Auf! Was hindert Sie daran, neue Bekanntschaften zu schließen? Oh, die Frage ist falsch gestellt: Wer hindert Sie? Richtig, nur Sie sich selbst.

In den unterschiedlichen Beispielen der verschiedenen Aktivitäten finden sich überall Möglichkeiten, neue Menschen kennenzulernen. Sei es beim Sport oder im Ehrenamt und auch Gemeinden bieten viel für Ruheständler bzw. Senioren an.

Doch war da nicht noch etwas? Ja, genau. Die berühmten Social-Media-Plattformen. Vielleicht haben Sie bisher noch überhaupt keine Affinität zu diesen Medien. Vielleicht ist es auch gar nichts für Sie. Ich kenne viele Ü50 (und damit sind natürlich auch die Ü60 und älter gemeint), die während ihres Berufslebens mit PC und Smartphone wenig bis nichts zu tun hatten. Im Ruhestand aber legen sie sich ein Smartphone zu und werden hier sogar richtig fit. Eine Dame, mit der ich über meinen privaten Instagram-Account verknüpft bin und die großartige Posts gestaltet, sagte mir letztens, dass sie schon 79 Jahre alt sei.

Diese Plattformen kann man auch nutzen, um alte Freunde und Schulkameraden, Nachbarn, Kollegen wiederzufinden. Es gibt insbesondere auf Facebook viele Gruppen, in denen sich nur Menschen aus Ihrem Wohnort oder sogar aus dem eigenen Vorort tummeln. Aus diesen Kontakten können dann sogar reale Bekanntschaften werden. Selbst die Kirchengemeinden sind hier mittlerweile vertreten und geben Einblick in ihre Arbeit. Diese Gruppen dienen dazu, über Veranstaltungen zu informieren, aber auch Nachbarschaftshilfe wird hier großgeschrieben.

Ein wenig vorsichtig sollten Sie allerdings bei der Annahme von Freundschaftsanfragen sein. Schauen Sie sich die Profile, Namen und Profilverläufe sehr genau an, um hier nicht an einen Betrüger zu geraten. Wann sind die einzelnen Bilder eingestellt worden? Eine echte »Timeline« (also die Reihenfolge der einzelnen Posts) wird nicht an einem Tag erstellt. Das ist oft schon ein Merkmal. Oder die Zusammensetzung der Namen. Gut, es gibt im echten Leben sicherlich Menschen, die »Mike Michael« heißen, doch bei solchen Namens-Kombinationen ist Achtsamkeit geboten. In dem Kapitel »Von Singles und Partnerschaften« gehe ich noch näher auf die Besonderheiten der Kontaktaufnahme ein.

Nichtsdestotrotz haben Sie auch hier die Möglichkeit, nette Menschen kennenzulernen und das nicht nur virtuell. Es gibt Gruppen von Gleichgesinnten, die sich regelmäßig einmal in der Woche per Videochat treffen. Daraus kann schon eine freundschaftliche Nähe entstehen. Und dann sind wir wieder bei der alles entscheidenden Frage: Wer oder was hindert Sie, diese Kontakte persönlich zu treffen?

Wenn Sie aber lieber reale Menschen aus Ihrem nahen Umfeld kennenlernen möchten, dann gibt es noch eine weitere Möglichkeit. Allerdings ist auch in diesem Fall der Online-Weg über Plattformen wie zum Beispiel »nebenan.de«, »nachbarschaft.net« oder »nextdoor.de« notwendig. Dort treffen zunächst Menschen auf virtuellem Wege aufeinander, die sich austauschen und gegenseitig unterstützen wollen. So gibt es etwa ebenfalls die Möglichkeit, Gleichgesinnte für ein Hobby zu finden. Sie können diese App sowohl auf dem Smartphone als auch auf dem Computer nutzen und sehen immer sofort, woher der- oder diejenige kommt, mit dem oder der Sie sich gerade austauschen.

Kapitel 7
Fit im Ruhestand

Gestatten Sie mir vorab eine Anmerkung zu diesem Thema. Das Thema der Gesundheit im Alter ist sehr vielfältig und füllt nicht nur ein Kapitel, sondern viele, viele Bücher, egal ob es um Fitness, kognitives Training, Ernährung oder Gesundheitsvorsorge im klassischen Sinne geht. Daher kann und will ich in diesem Kapitel keinen Anspruch auf Vollständigkeit erheben. Vielmehr sollen Sie hier Anregungen und Tipps erhalten, wie Sie in Ihrem Ruhestand fit bleiben oder werden können. Weiterführende Literatur finden Sie, wie auch zu den anderen Kapiteln, im Anhang. Ebenfalls möchte ich noch einmal darauf hinweisen, dass die hier beschriebenen Informationen und Tipps sehr sorgfältig recherchiert sind, jedoch keine ärztliche Beratung und/oder Diagnose ersetzen.

Spätestens ab unserem 60. Lebensjahr nimmt die Körperfettmasse zu und die Muskelmasse ab – natürlich nur, wenn wir nichts dagegen unternehmen. Mit diesem Wandel werden wir unbeweglicher und gebrechlicher, teilweise im wahrsten Sinne des Wortes. Letztendlich sinken aufgrund dieser veränderten Körperzusammensetzung der kalorische Grundumsatz und somit auch die Nahrungsenergie.

Daher gilt es insbesondere jetzt, da wir über viel mehr Möglichkeiten der eigenen Selbststeuerung verfügen als während unseres Berufslebens, sich mit dem Thema der Gesundheit zu beschäftigen. Wir haben nun ausreichend Zeit, um uns körperlich und natürlich auch weiterhin geistig zu betätigen und uns vielleicht auch gesünder zu ernähren. Beides bietet eine gute Basis, um im Alter lange gesund zu bleiben.

Körperliche Fitness

Wer von uns möchte nicht körperlich und geistig bis zum letzten Tag fit bleiben? Doch sind wir auch alle bereit, etwas dafür zu tun? Wie oft finden wir Ausflüchte, um uns nicht um unsere Gesundheit kümmern zu müssen? Da ist das Wetter zu schlecht, die Zeit zu knapp und der Platz in der Wohnung nicht vorhanden, um Sport zu treiben. In den Fitnessstudios ist nur das junge Publikum und für das Vereinsleben sind wir auch nicht geschaffen. Außerdem ist es im Alter ohnehin viel zu spät, um mit Sport zu beginnen.

Kommt Ihnen das bekannt vor? Nein? Ach so, Ihr Argument ist ein anderes? Ich vergaß, die richtige Kleidung fehlt noch. Bevor wir uns an einer Sportart versuchen, muss selbstverständlich erst das richtige Outfit her, sonst können wir die Sportart ja gar nicht ausüben. Gut, das mag fürs Schwimmen zutreffen, doch für die meisten Sportarten kann zumindest die Ausrüstung zum Ausprobieren ausgeliehen werden.

Ja, die Ausflüchte, die wir haben, sind unermesslich. Und eigentlich ist es nur ein riesengroßer Schweinehund, der neben uns auf der Couch sitzt, uns still und heimlich immer wieder die Fernbedienung hinhält und sagt: »Komm, bleib hier. Hier ist es doch viel schöner.« Zusätzlich reicht er uns vielleicht noch etwas zum Knabbern und uns lockt mit einem schönen

Glas Wein oder einem leckeren Bierchen. Spätestens jetzt sind alle guten Vorsätze über Bord geworfen.

Oder denken Sie gerade daran, wenn Sie mal wieder Ihr eigenes Ergometer benutzen wollen, es ja erst einmal von der Kleidung befreien zu müssen, die daran zum Lüften hängt? Schon wieder hat eine andere Aktivität den Vorrang vor dem Vorhaben, jetzt Sport zu treiben. Den Kleiderschrank aufräumen zum Beispiel.

Bei denjenigen unter uns, die den Sport wie selbstverständlich in ihr Leben integriert haben, mag es gerade wahrscheinlich ein Kopfschütteln hervorrufen. Sport gehört zum Leben dazu wie Duschen oder Zähne putzen und wird vielleicht sogar mehrmals wöchentlich praktiziert. Die andere Hälfte fühlt sich eher ertappt.

Doch müssen wir immer das ganz große Rad drehen, wenn es darum geht, uns zu bewegen? Nein, sicherlich nicht. Auch wenn viele Menschen sich gerne mit anderen messen und in den Wettbewerb treten, ist es dennoch nicht notwendig, sich sofort für das Senioren-Sportabzeichen anzumelden. Andererseits ist es auch keine schlechte Idee, oder?

Doch lassen Sie mich einen Schritt früher anfangen. Es gibt durchaus einige Sportarten, die nicht gut geeignet sind, um sie erst im Alter zu beginnen. Auf Sportarten, die beispielsweise die Knie sehr belasten, sollten Sie besser verzichten und hier rede ich von einer neu zu erlernenden Sportart. Wenn Sie diese Sportarten, wie Tennis oder Jogging zum Beispiel, schon vor Ihrer Rente betrieben haben, ist Ihr Körper an diese

Belastung vermutlich bereits gewöhnt und Sie lassen es irgendwann einfach nur gemächlicher angehen. Falls das Laufen für Sie als sportlicher Anfänger zu Ihrer Wunsch-Sportart zählt, sollten Sie besser an Alternativen denken: Hier wäre Walken die schonendere Variante für Ihre Gelenke. Auch Schwimmen gehört zu den Sportarten, die bis ins hohe Alter ausgeübt werden können. Ebenso zählt der Golfsport, Rudern oder Paddeln hierzu.

Golf ist Ihnen zu elitär? Oder Sie denken sich: So alt bin ich jetzt auch noch nicht? Ich kann Ihnen versichern, die Golf-Gemeinde wird immer jünger.

Es gibt mittlerweile viele kleinere Golfanlagen, die nicht als Club oder Verein, sondern als Spielanlage geführt werden, sodass der Monatsbeitrag nicht höher als der Beitrag in einem guten Fitnessstudio ist. Mit anderen Worten, Sie müssen hier keine größeren Summen investieren, um diesen Sport ausüben zu können.

Egal, welche Sportart Sie ausprobieren möchten: Lassen Sie sich zuvor von Ihrem Arzt einmal durchchecken, ob Ihr Körper es zulässt. So können Sie Sportverletzungen vorbeugen.

Ein für mich fantastisches Beispiel, was möglich ist, hatte ich schon erwähnt. Eine gute Freundin, die Mitte ihrer 60er mit Zumba begann. Ja, Zumba. Diese schnelle Tanz-Gymnastik, bei der Ungeübte das Gefühl haben, nach kurzer Zeit zu implodieren, weil der Puls weit über normal hinaus geht. Ein Feuerwerk an Schnelligkeit, Beweglichkeit, Koordination und vor allem bereitet sie Spaß! Auch wenn es sich dabei um eine

Einzelsportart handelt, können Sie in einer solchen Gruppe nette Gleichgesinnte kennenlernen und erweitern damit Ihren Bekannten- oder gar Freundeskreis. Natürlich gilt dies für alle Sportarten, die Sie in einer Gruppe nachgehen. Die älteste Dame in dieser Zumba-Gruppe ist übrigens 94 Jahre alt. Ja, vierundneunzig. Pandemiebedingt hat sie sich allerdings aus der aktiven Gruppe verabschiedet. Eine Gruppe, die Nachahmer finden sollte, egal in welcher Sportart.

Eine weitere Möglichkeit ist der von Ärzten verordnete Reha-Sport. Möglicherweise kommen Ihnen jetzt Bilder in den Kopf von gemächlichen Bewegungen betagter Menschen. Doch das Angebot ist sehr vielfältig und es ist nicht nur so, dass sich hier Hochbetagte im Sitzen einen Ball zuwerfen. Reha-Sport ist eine gute Wahl, um überhaupt wieder in Bewegung zu kommen und die zum wieder »Lust-am-Sport-bekommen« gut geeignet ist. Reha-Sport kann auch eine hervorragende Plattform sein, um Kontakte zu schließen. Obwohl es sich dabei um eine Gruppenveranstaltung handelt, wird individuell auf die Mitturnenden geachtet, korrigiert und die Übungen je nach Fitnessstand auch angepasst. Die Krankenkassen sind hier gerne unterstützend tätig, um das richtige Angebot für Sie zu finden.

Soll es kein Reha-Sport sein, gibt es über die Krankenkassen ein vielfältiges Angebot an Gesundheitskursen, die gesponsert werden. Die Höhe der finanziellen Unterstützung hängt von der Art der Kurse ab, doch es lohnt sich, sich diese Angebote genauer anzusehen.

Oft wird uns in der Werbung der mobile Rentner auf dem Fahrrad präsentiert, der sehr locker und leicht große Radtouren bewältigt. Sicherlich gibt es viele Menschen, auf die das zutrifft, doch genauso viele, bei denen die Knie schon schmerzen, wenn Sie ans Radeln denken. Oder an ihre mangelnde Kondition. Das geht Ihnen genauso? Dann denken Sie doch über ein E-Bike nach. Das ist doch nur was für Alte? Nun, was soll ich sagen? Es gibt inzwischen genügend jüngere Menschen, die sich ein derartiges Gefährt zulegen. Stellen Sie sich doch einfach mal vor, Sie könnten mit Freunden wieder einmal eine Radtour machen, so wie früher. Nur, dass Ihre Knie jetzt nicht mehr so schmerzen wie früher. Aber Sie sind mit Freunden unterwegs, haben gemeinsame Erlebnisse und können sich hinterher auch darüber austauschen. Die Gemeinsamkeit zählt hier genauso wie die sozialen Kontakte, um einen erfüllten Ruhestand zu erleben.

Eine andere Möglichkeit, sich ein wenig zu bewegen und gleichzeitig Kontakte zu knüpfen, sind Stadtteilführungen oder Stadtteilspaziergänge. Diese werden in vielen Städten oder Stadtteilen angeboten. Hier treffen sich (ältere) Menschen, aber auch diejenigen, die ihre Stadt, ihren Stadtteil ganz neu entdecken möchten. Oder diejenigen, die einfach nur mit anderen gemeinsam spazieren gehen und gegebenenfalls auch Kontakte knüpfen möchten. Aus Düsseldorf kenne ich zum Beispiel geführte Spaziergänge rund um den Medienhafen. Solche Spaziergänge werden unter anderem auf Nachbarschafts-Plattformen wie »nebenan.de« angeboten. Manche

Volkshochschulen bieten für die Naturverbundenen auch sogenannte Kräuterwanderungen an. Solche Veranstaltungen sind häufig unentgeltlich, manchmal wird auch ein Obolus fällig. Hier treffen sich Menschen aller Altersklassen mit einer Gemeinsamkeit: der Freude an der Umgebung und der Natur. Auch im fortschreitenden Alter ist es nicht zu spät, neue Kontakte im eigenen Umfeld zu knüpfen, etwas, das unter Umständen während Ihres Berufslebens aus zeitlichen Gründen oft nicht möglich war.

Und Spazierengehen an sich gilt als eine wichtige Form der Bewegung, die dabei helfen kann, beispielsweise das Diabetes-Risiko zu senken. 30 Minuten zügig Spazieren gehen am Tag können hier schon ausreichend sein. Es kann sogar den Zusatzeffekt haben, dass Sie langsam, aber beständig an Gewicht verlieren. Wenn Sie sich in den Sommermonaten zwischen April und September in der Natur aufhalten, kommt noch dazu, dass Ihr Organismus Vitamin D aufnimmt, sodass zusätzlich Ihr Vitamin-D-Spiegel ansteigt. Vitamin D fördert nämlich die Bildung und Reifung von Knochenstammzellen, beugt damit Osteoporose vor, stärkt Ihr Immunsystem, wirkt sich positiv auf die Psyche, das Herz-Kreislauf-System aus, soll vor Krebs schützen und kräftigt unter anderem die Muskulatur. Dies sind nur einige der positiven Eigenschaften von Vitamin D. Vielleicht erinnern Sie sich noch an Ihre Kindheit, als Sie Lebertran zu sich nehmen durften. Auch hierin ist Vitamin D enthalten, allerdings gibt es heutzutage erfreulicherweise neutraler schmeckende Produkte, die Vitamin D enthalten.

Natürlich zählen auch Sportarten wie Yoga oder Pilates oder einfache Gymnastik dazu, den Körper fit und beweglich zu halten. Wer nun zu schmunzeln beginnt und behauptet, es handle sich dabei um keinen Sport, der hat es noch nie ausprobiert. Dazu gehören auch Bewegungsformen wie Tai-Chi-Chuan oder Chi Gong, die sich genau wie Yoga auch auf das Vegetativum auswirken und somit für Stressreduktion sorgen, also zum »Herunterkommen« einladen.

Bitte achten Sie bei allen Sportarten, die Sie anstreben, immer darauf, dass Sie sich mit genügend Flüssigkeit versorgen. Am besten mit einer selbst gemixten Apfelschorle oder einfach nur Wasser. Die sogenannten isotonischen Getränke enthalten meist viel zu viel Zucker und sind außerdem auf den Bedarf eines Leistungssportlers abgestimmt.

Es gibt so viele Bewegungsmöglichkeiten, die wir im Alter ausüben können. Nutzen wir sie! Überwinden wir unseren inneren Schweinehund und legen los. Es ist für uns und unsere Gesundheit!

Kleine Beweglichkeitsübungen

Sicherlich kennen Sie es noch aus Ihrem aktiven Berufsleben: Langes Verharren in ein und derselben Körperhaltung, sprich langes Sitzen oder Stehen sowie insgesamt zu wenig Bewegung, führen dazu, dass sich unsere Muskeln und Sehnen verkürzen, verspannen und schmerzen. Im Ruhestand kann sich dies noch verstärken. Doch es ist nie zu spät, mit Bewegung zu beginnen. Zudem steigt das Risiko, schwer zu stürzen und nicht unerhebliche Verletzungen davon zu tragen.

Wie schon beschrieben, ist ein fantastischer Einstieg ein strammer täglicher Spaziergang, um den gesamten Körper in Bewegung zu bringen. Insgesamt ist die Kombination aus Ausdauer und Krafttraining eine gute Basis für ein längeres und besseres Leben.

Das sanfte Dehnen von Muskeln und Sehnen – auch als Stretching bekannt – etwas, das jeder Sportler nach dem Sport durchführt, hilft auch Ihnen. Achten Sie darauf, dass Sie Stretching-Übungen bei Ausdauersportarten immer erst nach der sportlichen Aktivität durchführen:

- Dehnen Sie Ihre Muskeln immer nur so weit, dass es Ihnen angenehm ist und nicht schmerzt.
- Führen Sie die Übungen langsam und vorsichtig aus.
- Vermeiden Sie ruckartige Bewegungen.
- Lassen Sie Ihren Atem während der Übungen frei fließen.
- Halten Sie die Position 15 bis 20 Sekunden lang.
- Gönnen Sie sich zwischen den zwei bis drei Wiederholungen eine kurze Pause.

Ein ausgezeichnetes Hilfsmittel, das mit geringem Platz- und Kostenaufwand zu betreiben ist, ist das sogenannte »Theraband«.

Das gibt es im Sportfachhandel in verschiedenen Farben zu kaufen, die wiederum auf unterschiedliche Zugstärken hinweisen. Als ungeübte Person sollten Sie zu einem grünen Band greifen. Wenn Ihnen der Widerstand zu wenig wird, greifen Sie das Band bei den Übungen einfach kürzer. Wichtig ist, dass Sie das Band bei den Übungen unter Spannung halten. Der

Übungsablauf sollte langsam und fließend sein. Wenn Sie die Spannung im größten Widerstand ein wenig halten, erzielen Sie den größten Trainingseffekt. Wenn Sie jeden zweiten Tag 15 Minuten nach einem Trainingsplan, der beim Kauf des Bandes automatisch beiliegt, vorgehen, erzielen Sie in kürzester Zeit tolle Fortschritte.

Der gesunde Schlaf

Zur Gesunderhaltung gehört auch, dass Sie Ihrem Körper ausreichend Schlaf gönnen. Ich habe es bereits beschrieben: Sie haben nun die Möglichkeit, erst aufzustehen, wenn Sie ausgeschlafen sind. Doch wie viel ist denn nun genug oder ausreichend? In seinem Werk »Das große Buch vom Schlaf« beschreibt Prof. Dr. med. Matthew Walker, das ausreichend Schlaf bedeutet, morgens aufzustehen und nicht bis zum ersten Kaffee wie ein Zombie durch die Gegend zu laufen, sondern frisch und unternehmungslustig. Diesen Zustand erreichen die meisten Menschen bei einem nächtlichen Schlafpensum von sechs bis acht Stunden.

Haben wir oftmals während unseres Arbeitslebens den Satz gehört oder sogar selbst gesagt: »Schlaf wird einfach überbewertet« oder »Vier bis fünf Stunden Schlaf reichen mir«, so entsprechen diese Aussagen nicht unbedingt den Tatsachen. Schlaf wird eher unterbewertet. Die Einflussfaktoren auf unsere Nachtruhe sind sehr vielfältig. Wenn wir uns damit befassen, welche Erkrankungen oder Auswirkungen zu wenig Schlaf auf unseren Körper und unsere Psyche hat, sollte jedem von uns deutlich werden: Schlafen ist wichtig! Erkrankungen wie Diabetes mellitus, Herzinfarkt, Kopfschmerzen, Übergewicht, Infekte, Bluthochdruck, Gedächtnis- und Konzentrationsstörungen sind nur einige, die durch Schlafmangel begünstigt werden können. Unabhängig davon, dass wir bei zu wenig Schlaf meist auch entsprechend blass und müde aussehen.

Doch wie schaffen Sie es, dass Sie zu ausreichend Schlaf kommen? Nun, es fängt schon mit einer im Prinzip einfachen Schlafhygiene an. Den ein oder anderen Tipp haben Sie mit Sicherheit schon einmal gehört. Doch praktizieren Sie diese Anregungen?

- Der Schlafraum sollte angenehm kühl temperiert sein.
- Der Schlaf-Wach-Rhythmus sollte regelmäßig sein. Gehen Sie, wenn eben möglich, ungefähr zur gleichen Zeit schlafen und stehen Sie ungefähr zur gleichen Zeit auf.
- Kalter Kopf und warme Füße.
- Der Raum sollte vor dem Schlafen gehen gut gelüftet sein.
- Dunkeln Sie Ihr Schlafzimmer nach Möglichkeit gut ab. Zu helle Schlafzimmer beeinträchtigen die Schlafqualität.
- Lassen Sie genügend Zeit zwischen Ihrer Abendmahlzeit und dem Zubettgehen (drei bis vier Stunden).
- Vermeiden Sie es, im Bett fernzusehen und wenn, dann keine aufwühlenden Filme etc.
- Entleeren Sie vor dem Schlafengehen Ihre Blase, damit Sie im besten Fall durchschlafen können.
- Machen Sie vor dem Einschlafen Meditations-, Entspannungs- oder Atemübungen. Hierzu gibt es fantastische Apps für das Smartphone, die zwar eine jährliche

Nutzungsgebühr haben, aber sehr effektiv sind. Bei einigen Apps mit Kurs-Charakter übernehmen sogar die Krankenkassen einen Anteil der Kosten. Als Leser dieses Buches haben Sie außerdem die Möglichkeit, sich auf meiner Webseite[4] kostenlos Entspannungsübungen herunterzuladen.

- Wenn Sie aufwachen und nicht wieder einschlafen können, greifen Sie zum Buch oder machen Sie eine monotone Tätigkeit. Vermeiden Sie es, sich im Bett hin- und her zu wälzen und alle paar Minuten auf die Uhr zu schauen. Setzen Sie sich damit nicht unter Druck.

Wenn Sie nun immer noch schlecht schlafen und es eigentlich keinen originären Grund dafür gibt, ist es ratsam, einmal Ihre Trink- und Essgewohnheiten zu überprüfen. Zu spätes und zu schweres Essen könnte eine mögliche Ursache sein, aber auch zu viel Kaffee-Genuss wirkt sich meist negativ auf den Schlaf aus. Kaffee gilt als Aufputsch-Mittel, das in zu großen Mengen und dann vielleicht noch spät in den Tag hinein konsumiert sehr große Auswirkungen auf unseren Schlaf haben kann. Ja, es gibt Menschen, die auch nachts noch Kaffee trinken können und dennoch qualitativ hochwertig schlafen, allerdings handelt es sich dabei um Ausnahmen. Generell ist es so, dass schärfer gerösteter Kaffee als besser verträglich für den Magen gilt, jedoch hat dies nicht unbedingt etwas mit der stimulierenden Wirkungsweise zu tun.

---

[4] http://www.brittavonderlinden.de/Downloads

Sie fragen sich jetzt vermutlich, wie es sich mit Tee beziehungsweise dem darin enthaltenen Koffein, das meist als Teein bezeichnet wird, verhält. Ja, auch Tee kann eine aufputschende Wirkung haben. Dies ist abhängig von der Dauer, die der Tee ziehen soll. Grundsätzlich gilt als Faustregel: Ein Tee, der drei Minuten zieht, gilt in der Regel als aufputschend, bei einem Tee, der mehr als fünf Minuten zieht, nimmt diese Wirkung etwas ab. Wenn Sie also jemand sind, der sehr empfindlich auf Koffein reagiert, sollten Sie vermeiden, zum Abend hin noch Tees auf Schwarz- oder Grüntee-Basis zu trinken.

Sie sind in der Testphase, welche Gründe es für Ihren schlechten Schlaf gibt? Achten Sie auf Ihren Kaffee-Konsum. Gleiches gilt für alle Lebens- und Genussmittel, die Koffein oder Teein enthalten. Einige Schokoladensorten beinhalten übrigens ebenfalls Koffein. So könnte manches zuckerhaltige Betthupferl ursächlich dafür sein, dass wir nicht nur durch den Zucker, sondern auch durch das enthaltene Koffein schlecht schlafen. Zu wenig Aktivität am Tag führt übrigens ebenfalls zu Schlaflosigkeit.

Doch nicht nur Koffein, Teein oder das beliebte süße Betthupferl können uns um den Schlaf bringen, auch der Alkohol gehört mit dazu. Ich weiß, der eine oder die andere denkt spätestens jetzt: »Darf ich denn nichts mehr essen und trinken? Muss ich mir alles versagen?« Nein, natürlich nicht. Es geht darum, dass Sie auf ein paar Dinge achten sollten, wenn Sie Probleme mit dem Schlaf haben. Alkohol kann auch zu den Substanzen gehören, die Ihnen den Schlaf rauben. Hier unterscheiden wir drei Gruppen von Konsumenten: Diejenigen, die ab und zu ein Glas Wein oder ein Bier trinken und keine Beeinträchtigungen verspüren. Die zweite Gruppe umfasst dann jene, bei denen die Verträglichkeit von Alkohol mit zunehmendem Alter abnimmt und die daher so gut wie keinen Alkohol mehr konsumieren. Zuletzt gibt es dann solche Menschen, deren Alkohol-Konsum eher ungesund ist und schon (fast) Suchtpotenzial aufweist. Auch dies ist leider ein nicht zu vernachlässigendes Thema im Ruhestand. Wenn das Leben im Ruhestand ohne nennenswerte Aktivitäten und Kontakte verläuft, kommt es leider nicht selten vor, dass der Griff zur Flasche dem Tag mehr Leben gibt, weil es einem, subjektiv betrachtet, ein besseres Gefühl gibt. Doch dieses Gefühl ist nicht von Dauer und bringt Sie im schlechtesten Fall sogar noch um Ihren wohlverdienten und benötigten Schlaf.

Sie sehen, es gibt auch hier wieder mehrere Parameter, die dazu führen (können), dass wir uns selbst um unsere Nachtruhe bringen. Insgesamt ist das Thema Gesundheit ein großes Puzzle, bei dem alle Teilchen zueinander gehören und ineinanderpassen müssen.

Ernährung im Alter

Generell können wir sagen, dass sich im Laufe unseres Lebens sowohl unser Geschmackssinn als auch unser Essverhalten verändern. Sicherlich können Sie sich noch an Speisen erinnern, die Sie als Kind geliebt haben und nun gar nicht mehr mögen oder umgekehrt. Insbesondere durch die Reduktion unseres Geschmacks- und Geruchssinns, aber auch durch veränderte Vorlieben müssen wir gerade im Alter darauf achten, dass wir mithilfe einer gesunden und gezielten Ernährung zur Deckung unseres altersgerechten Nährstoffbedarfs beitragen. Denn es passiert so schnell, dass wir durch kleine Veränderungen, zum Beispiel im sozialen Bereich, eine Verschlechterung der Nährstoffzufuhr bewirken, ohne es bewusst zu bemerken.

Ein Beispiel hierfür kann etwa sein, wenn ein Partner verstirbt und der zurückbleibende Teil nun keine regelmäßigen Mahlzeiten mehr einnimmt. Andere Parameter können der altersbedingte Rückgang von Geschmacks- und Geruchssinn sein, die, zusätzlich zur bereits verringerten Esslust, den Appetit noch weniger werden lassen.

Ich kann mich noch gut daran erinnern, als mein Mann in den Ruhestand ging. Er – und leider auch ich – war bzw. ist ein sogenannter Stressesser. Sie kennen den Begriff wahrscheinlich und vielleicht gehören Sie auch zu dieser Gattung. Mit ein paar oder vielen Pfunden zu viel auf der Waage, bedingt durch oft späte Mahlzeiten, häufig sogar nur eine am Tag. Und weil wir dann das trügerische Gefühl haben, wir seien »total ausgehungert«, essen wir eher zu schnell und meistens auch zu viel. Oder die oft mit 30 Minuten angesetzte Mittagspause, in der »mal eben schnell« etwas gegessen wird. Beides sind Szenarien, die Sie wahrscheinlich kennen. Abgesehen davon, dass Kantinenkost oft tatsächlich nicht besser ist als ihr Ruf. Und beides führt bei zu wenig körperlicher Bewegung eben auch dazu, dass der Zeiger an der Waage weiter nach rechts ausschlägt als uns lieb ist.

Meinem Mann ging es damals genauso. Doch dann kam der Ruhestand. Plötzlich hatte er die Möglichkeit, dann etwas zu essen, wenn ihm danach war. Nein, er wurde nicht dicker, ganz im

Gegenteil. Er verlor über einen angemessenen Zeitraum ohne große Diät insgesamt rund drei bis vier Kleidergrößen. Wenn ich abends nach Hause kam, wurde gekocht, tagsüber versorgte er sich selbst. Ein weiterer Grund war, dass er sich mehr bewegte, denn er konnte seinen Hobbys nachgehen.

Was also können wir mit zunehmendem Alter essen, damit wir gesund bleiben oder auch werden und unser Gewicht in einem zumindest einigermaßen gesunden Rahmen halten? Viele Erkrankungen, die insbesondere im Laufe des Älterwerdens auftauchen, können mittels besonderer Ernährung gemildert werden. Arthrose, Diabetes Typ 2, erhöhtes Cholesterin, Erkrankungen der Lunge wie Asthma oder COPD und Kreislauferkrankungen, um nur einige zu nennen.

Literatur und auch Fernsehformate sind voll davon, wie wir uns durch Ernährung gesund halten beziehungsweise unsere Gesundheit wieder erlangen können.

Manchmal beginnt es tatsächlich damit, dass wir überschüssige Pfunde reduzieren können und sollten, damit es uns besser geht. Vielleicht haben Sie Ihr Wohlfühlgewicht aber auch längst erreicht. Das muss nicht immer einem Bilderbuch-BMI-Wert entsprechen, doch trotzdem sollte der BMI nach Möglichkeit unter einem Wert von 30 liegen.

Die Berechnung erfolgt nach der Formel:
Gewicht / (Körpergröße x Körpergröße)

Im Idealfall liegt unser BMI in einem Bereich zwischen 25 und 30, wobei die Tendenz in Richtung 25 und nicht in Richtung 30 gehen sollte.

Doch lassen Sie mich vorne anfangen. Jede Lebensphase, die wir als Menschen durchlaufen, erfordert auch andere Nährstoffe. Wir essen unterschiedliche Mengen und der Körper hat insgesamt andere Bedürfnisse. Das bedeutet, dass wir im Alter zwar nach wie vor die gleichen Nährstoffe benötigen, aber weitaus weniger Energie. Was bedeutet das? Wir benötigen weiterhin Vitamine, Mineralstoffe und sekundäre Pflanzenstoffe, aber eben weniger Kalorien. Schaue ich mir die Portionen an, die mein Mann heute mit Mitte 70 zu sich nimmt und vergleiche sie mit denen, als er noch berufstätig war, so haben sie sich fast halbiert.

Ihnen kommt gerade der berühmte »Senioren-Teller« in den Sinn? Ja, genau. Die gibt es nicht aus heiterem Himmel, auch wenn die Bezeichnung schon diskriminierend ist, weswegen sie ja mittlerweile so nicht mehr genannt werden sollten.

Wie aber schaffen wir es nun, dass wir bei geringerer Kalorienzufuhr, weil unser Appetit mehr und mehr nachlässt, trotzdem alle wichtigen Nährstoffe zu uns nehmen?

Fangen wir beim Frühstück an. Eine Option wäre, das »normale«, mit fein gemahlenem Mehl gebackene Brot gegen ein Vollkornbrot zu ersetzen. Darin müssen nicht immer ganze Getreidekörner sein – Achtung, die können ein Zahnkiller sein – auch wenn sie den Darm anregen und die Verdauung auf diese Weise unterstützen. Für viele Menschen ist feiner gemahlenes Mehl einfach besser verträglich.

Es darf zum Frühstück zum Beispiel aber auch ein warmes Omelett mit Früchten oder ein Joghurt oder Quark mit selbst gemachtem Granola und Früchten sein. Granola sind gemischte Körner, die im Backofen für eine kurze Zeit mit Nüssen oder Mandeln und ein paar Gewürzen gebacken werden. Der Vorteil zum gekauften Müsli besteht in dem wesentlich geringeren Zuckeranteil.

Auch Haferflocken, Leinsamen, Hirseflocken und ähnliches sind alles Cerealien, die Ihnen in einem Müsli am Morgen eine gute Basis bieten.

Omelett mit Obst (für 1 Person)

- 2 Eier
- 1 EL Sahne
- 2 x 1 TL Butter oder Margarine
- Saft von einer halben Zitrone
- Ahornsirup
- 1 Apfel

Den Apfel schälen und das Gehäuse entfernen, in kleine Stücke schneiden und mit dem Saft von einer halben Zitrone vermengen. Etwas Butter oder Margarine in einem kleinen Topf erhitzen, die Apfelstücke dazu geben und warm werden lassen.

Die Eier mit der Sahne verquirlen, in einer beschichteten Pfanne mit ein TL Fett von beiden Seiten goldbraun werden lassen.

Das Omelett dann auf einen großen Teller legen, die warmen Apfelstücke zu 2/3 mit dem Sud auf eine Hälfte legen, das Omelett wie eine Calzone-Pizza zuklappen. Nun die übrigen Apfelstücke über dem Omelett verteilen und mit ein wenig Ahornsirup süßen.

Alternativ zum Apfel können hier auch »kalte« Blaubeeren oder anderes Beerenobst, im Prinzip jedes beliebige Obst, verwendet werden.

Rezept für Granola: Ein sogenanntes Tassenrezept

Den Backofen auf 175°C Umluft vorheizen.

Beispielzusammensetzung:

- 1 Tasse Haferflocken (groß, klein oder fein)
- 1 Tasse Dinkelflocken
- 1 Tasse Weizenkeime
- 1 Tasse Hirseflocken
- 0,5 Tasse Leinsamen
- 0,5 Tasse Kokosflocken oder Kokoschips
- 1 Tasse Mandeln oder Haselnüsse
- ½ TL Zimt (optional)

Alles in einer Schüssel vermischen. In einem Topf 6 EL Sonnenblumenöl oder Nussöl erwärmen, mit 3 EL Honig oder Reissirup vermischen. Ich benutze immer das Öl passend zur Nussfrucht. Dadurch wird der nussige Geschmack verstärkt.

Nun die Öl-Süße-Masse mit den anderen Zutaten vermischen und auf einem mit Backpapier ausgelegtem Backblech verteilen.

Beides geht am besten mit den Händen. Die Masse sollte gleichmäßig verteilt sein. Für ca. 30 Minuten in den vorgeheizten Ofen geben. Da die Backzeit vom Ofen abhängt, sollten Sie zwischendurch mal nach den Rechten sehen. Die Masse sollte goldbraun sein und wunderbar duften. In einem großen Glas hält das abgekühlte Granola gut vier Wochen.

Zum Ausprobieren empfehle ich, als Tassen-Maß erst einmal Kaffee-Tassen statt Kaffee-Becher zu nehmen. Die Zutaten können beliebig ergänzt oder ausgetauscht werden. Auch gepuffter Amarant oder Quinoa schmecken ganz ausgezeichnet in dem Granola. Mengenmäßig würde ich die 4 Tassen Getreide nicht überschreiten.

2-3 EL des abgekühlten Granola über (einen Natur-) Joghurt streuen, ein wenig Obst dazugeben – fertig! Schmeckt sehr lecker und macht lange satt.

Mit diesen beiden Frühstücks-Rezepten decken Sie schon eine Portion Obst von den 5 Portionen Obst und Gemüse, die Sie täglich essen sollten, ab. Hier ändert sich von der Anzahl der Portionen nichts zu Ihrem bisherigen Leben. Denken Sie bitte nur daran, zweimal Obst und dreimal Gemüse. Ob Sie Rohkost vertragen oder lieber wie auch immer gegartes Gemüse essen, die Zubereitung bleibt Ihnen selbstverständlich überlassen. Die Portion misst sich aus Ihrer eigenen Handgröße.

Als gute Nährstofflieferanten gelten auch sämtliche Nüsse oder Samen. Dr. Michael Greger beschreibt in seinem Buch »How not to die« eine brasilianische Studie, die überraschenderweise aufzeigte, dass der Verzehr von vier Paranüssen den LDL-Cholesterin-Wert (das »böse Cholesterin«) nach nur neun Stunden um 20 Punkte sinken ließ. Bei einer weiteren Messung vier Wochen später waren die Werte bei den Testpersonen weiterhin niedrig. Sie haben Probleme mit dem Cholesterin-Wert? Dann ran an die Paranuss!

Wenn ich Ihnen nun verrate, dass Sie generell Weißmehlprodukte am besten gegen Vollkornprodukte tauschen sollten, ist auch das für Sie wahrscheinlich nichts Neues. Sie haben vollkommen recht, Vollkornnudeln sind nicht wirklich jedermanns Sache. Mittlerweile gibt es aber Nudel-Alternativen aus Hülsenfrüchten, die geschmacklich durchaus vertretbar sind. Auch bei Reis sollten Sie lieber der gesünderen ungeschälten Variante den Vorzug geben.

Je nachdem, wie Ihre Ernährungsweise generell ist, also Vollwert, Vollkost, vegetarisch oder vegan, um nur einige zu nennen, es kommt primär darauf an, dass es Ihnen schmeckt, und Sie nährt - im wahrsten Sinne des Wortes.

Sie gehören zu den Fleischessern? Nun, im fortschreitenden Alter kann es für die Gesundheit von Vorteil sein, besonders darauf zu achten, für welche Fleischsorten Sie sich entscheiden. Hühnchen-Fleisch, im besten Fall noch Bio, ist zum Beispiel dem Schweinefleisch vorzuziehen, da letzteres den Ruf hat, rheumatische Erkrankungen zu fördern.

Vor allem im Alter ist eine eiweißreiche Nahrung von Vorteil. Je weniger wir uns bewegen, desto mehr Muskeln werden abgebaut. Eben die eiweißreiche Kost ist es, die uns dabei unterstützt, mit der Bewegung Kraft und Mobilität zu erhalten. Dennoch sollte der Fleischkonsum reduziert werden. Eiweißreiche Kost können Sie auch ohne Fleisch zu sich nehmen. Es gibt etliche Gemüsesorten mit einem hohen Eiweißanteil (z. B. Bohnen, Spinat, Kohlsorten, Artischocke, Champignons). Gemeinhin sprechen wir hier von rund 600 Gramm Fleisch in der Woche, inklusive allem, was wir an Fleisch und Wurst essen. Dazu gehört logischerweise auch die Wurst auf dem Brot.

Ich erinnere mich an eines meiner Seminare, in dem wir auch über Ernährung und Portionsgrößen sprachen. Einer der Männer fragte, wie viel Fleisch er denn essen dürfe. Die Frage ließ mich kurz schmunzeln, denn aufgrund seiner Statur ahnte ich, was kam. Er entsprach eher dem Bild »Berliner Bär« als dem eines Bonsai-Baums. Es war zu diesem Zeitpunkt Sommer, also Grillzeit. Noch heute muss ich schmunzeln, wenn ich an diesen Dialog denke:

»Wie viel Fleisch darf ich denn essen?«

»Dreimal, na ja, maximal viermal die Woche 200 Gramm, inklusive des Wurst-Aufschnittes, den Sie auf dem Brot essen.«

»Wie drei- bis viermal pro Woche? Ich wollte heute grillen. Das ist ja gar nichts.«

»Ja, es gibt auch Ausnahmen, dann essen Sie den Rest der Woche weniger oder gar kein Fleisch.«

»Also, ich esse schon so drei bis vier Stücke Fleisch heute Abend. Ein Nackensteak, eine Bratwurst, Bauchfleisch, ´nen Spieß. Darf ich dann den Rest der Woche gar kein Fleisch mehr essen? Und keine Wurst auf dem Brot? Was soll ich denn anstelle dessen essen?«

Seine Frau, die neben ihm saß, schmunzelte nur vor sich hin. Mein Vorschlag, es doch mal mit gegrilltem Gemüse zu versuchen, wurde seinerseits mit einem entsetzten Blick quittiert und von einem nun schallenden Gelächter seiner Frau begleitet.

Bitte verstehen Sie mich nicht falsch. Auch ich esse gerne mal ein Stück Fleisch und ich esse generell auch gerne, doch es geht hier darum, uns so ernähren, dass wir gesund bleiben.

Ersetzen Sie Fleisch einfach öfter mal durch Fisch. Auch Fisch ist nicht unumstritten, bringt aber eine zusätzliche Variante auf den Tisch und versorgt Sie zusätzlich noch mit wichtigen Omega-Fettsäuren.

Damit sind wir bei einem weiteren Punkt, der dazu führt, uns gesund zu ernähren: den Fetten. Variieren Sie, je nachdem was Sie zubereiten, das Öl/Fett. Ein Salat mit Walnussöl oder Leinöl zum Beispiel schmeckt köstlich. Natürlich nur, wenn Sie keine Nussallergie haben. Achten Sie in jedem Fall darauf, hochwertige Öle zu kaufen.

Versuchen Sie, Transfette (auch Trans-Fette) auf Ihrem Speiseplan zu vermeiden. Transfette sind in vielen Lebensmitteln enthalten. Hierzu gehören unter anderem Fast Food und Fertiggerichte (Pizza, Pommes, Burger etc.), aber auch Backwaren wie Kekse, Croissants und die viel geliebten Chips und Ähnliches. Sie sind also vorwiegend in frittierten Lebensmitteln zu finden. Deklariert wird dieses Fett oft als »teilgehärtetes Fett«, »ungesättigte Fettsäuren« oder »enthält gehärtete Fette«. Die empfohlene Menge pro Tag sollte 2,6 Gramm nicht überschreiten. Laut Foodwatch kann ein Berliner oder Krapfen, also Ölgebäck, durchaus noch zehn Gramm Transfette im Fettanteil enthalten. In Dänemark ist der erlaubte Anteil an Transfetten in Lebensmitteln bereits auf zwei Prozent festgeschrieben. Transfette sind Spitzenreiter in der Rangliste des Herzinfarkt-Risikos.

Transfette werden chemisch erzeugt und sind günstig, was ihre häufige Anwendung in der Industrie erklärt.

Konsumieren wir also zu viele dieser Transfette über eine lange Zeit, hat dies schlechte Auswirkungen auf unseren Cholesterinspiegel. Das führt dann in Folge dazu, dass wir uns einer höheren Anfälligkeit für Erkrankungen des Herz-Kreislauf-Systems und Diabetes aussetzen.

Achten Sie einfach beim Einkauf darauf, was auf den Inhaltsangaben der Lebensmittel steht. Übrigens: auch manche Margarine-Sorten zählen zu den »bösen« Lebensmitteln. Werden die ungesättigten Fettsäuren wie Transfette zwar genannt, allerdings durch Öle wie Oliven-, Lein- oder Rapsöl ersetzt, gelten diese Lebensmittel als eher unbedenklich. Diese Öle versorgen uns mit den lebenswichtigen Omega3- und Omega6-Fettsäuren, die der Körper nicht selbst herstellen kann.

Generell gilt es allerdings, eine empfohlene Menge an Fetten von 60 Gramm am Tag nicht zu überschreiten. Wenn Sie Ihr Gewicht reduzieren möchten, 30 Gramm.

Unser Zuckerkonsum

Neben oft viel zu fettigen Lebensmitteln, ich spreche hier von versteckten Fetten und Transfetten, ist es ebenso der versteckte Zucker, der Speisen und Lebensmittel eher ungesund macht. Wir sind oft ziemliche Zucker-Junkies. Und wo steckt nicht überall Zucker drin, obwohl wir nach Möglichkeit nicht mehr als 25 Gramm Zucker pro Tag zu uns nehmen sollten? Doch in Wahrheit ist es oft das Doppelte oder noch mehr. In einem einzigen Glas Limonade – egal welcher Farbe (ich möchte hier weder Schleichwerbung noch Bashing betreiben) steckt oftmals mehr als zehn Gramm Zucker in 100 ml Flüssigkeit. In einem »normalen« Trinkglas sind in der Regel 200 bis 250 ml. So entspricht ein Glas also schon dem Tagesbedarf an Zucker.

Auch frisches Obst – so gesund es ist – trägt zur täglichen Zuckermenge bei. Wenn Sie gerne Säfte trinken, dann lieber als 1/3 – 2/3 Saft-Wasser-Schorle. Unser Körper verarbeitet die Pflanzenfaserstoffe im Obst in der Ursprungsform, also als

Frucht und nicht als Saft besser, da wir dem Körper so noch wichtige Ballaststoffe zufügen.

Getränke

Eine gute Alternative zu Saftschorlen kann hier geschmacklich aufgebessertes Wasser oder »fruit infused water« sein. Peppen Sie Ihr Wasser doch einfach mit Früchten oder Kräutern, auch Schlangengurken-Stückchen sind schmackhaft, auf.

Rezept:

- 1 l Wasser (gerne still)
- 2 Scheiben unbehandelte Zitrone
- 2 Scheiben Schlangengurke
- 1 Zweig (Pfeffer-)Minze
- 1 kleines Stück Ingwer (geschält)

Das schmeckt nicht nur lecker, sondern es erfrischt auch und enthält Vitamine, aber keinen Zucker. Ich werde oft gefragt, ob es egal sei, welches Wasser man trinken solle. Nun, schauen wir uns die Vielfalt der Wasser auf dem Markt an, bemerken wir schnell, dass hier schon fast Ideologien aufeinandertreffen. Ich persönlich würde immer zu stillem Wasser raten. Kohlensäure wurde früher dem Wasser künstlich zugesetzt, um das Wasser haltbarer zu machen. Kohlensäure hat in der Regel einen niedrigeren pH-Wert, ist also etwas saurer. Vereinfacht gesagt kann dies dazu führen, dass wir nach dem Genuss von Mineralwasser mit Kohlensäure Sodbrennen bekommen können. Zudem lässt uns Kohlensäure oft aufgebläht erscheinen und es dauert verhältnismäßig lange, bis der Körper sie abgebaut hat.

Zum Kochen und Backen lässt sich kohlensäurehaltiges Mineralwasser gut verwenden, um etwa Backpulver, Sahne oder Milch zu ersetzen. Es lässt Quark und Rührei sahniger beziehungsweise fluffiger werden. Ein zu hoher Mineralstoffanteil kann hierbei jedoch den Geschmack der Speise verfälschen.

Vielleicht haben Sie es auch an sich selbst schon bemerkt, dass sich Ihr Durstgefühl mit den Jahren verändert hat. Besonders dann, wenn Sie den Eindruck haben, dass Sie wenig trinken, sollten Sie sich morgens am besten schon eine Kanne mit Tee oder eine Karaffe mit Wasser hinstellen. Die Faustformel für normal-gewichtige und »normal aktive« Menschen lautet:

30 – 50 ml Flüssigkeit pro kg Körpergewicht (BMI <30)

30 ml gelten hier für Menschen, die nicht viel schwitzen, bis 50 ml gilt für diejenigen, die zum Beispiel viel Sport oder Ähnliches machen und damit viel Wasser ausschwitzen. Nicht nur unser Körper benötigt einen ausgewogenen Flüssigkeitshaushalt. Insbesondere für unser Gehirn ist Wasser bzw. Flüssigkeit überlebenswichtig. Ist Ihnen vielleicht schon einmal aufgefallen, dass, wenn Sie wenig getrunken haben, Sie plötzlich Konzentrationsstörungen, Merkfähigkeitsstörungen und Kopfschmerzen bekommen haben? Dies sind Symptome für eine zu geringe Flüssigkeitsaufnahme.

Wenn wir uns über unser Wasser, Zucker und Fette Gedanken machen, sollten wir im gleichen Atemzug auch darauf achten, wie viel Salz wir zu uns nehmen. Bei etwa 60 Prozent aller über 60-Jährigen verändert sich der Geschmacks- und Geruchssinn im Alter. Das bedeutet, wir benötigen eine größere Menge an Gewürz oder Geruch, bis wir ihn wahrnehmen. Warum genau ist das nun relevant für uns? Ganz einfach: Wir greifen unbewusst zum Salzstreuer und würzen nach. Somit konsumieren wir weitaus mehr Salz, als uns guttut. Eine gute Würz-Alternative können hier, wie auch schon in jungen Jahren, Kräuter sein.

Tipp:
Reduzieren Sie Ihren Zucker- und Salzkonsum. Schauen Sie im Zusammenhang mit Ölen, Fetten, Zucker und Salz einfach mal öfter auf die Zutatenliste des Produktes, das Sie kaufen. Selbst an der Bedientheke für Wurstwaren werden Ihnen die freundlichen Fachverkäuferinnen eine Antwort geben können. Insbesondere bei Fetten ist der Begriff »teilweise gehärtet« ein Hinweis auf ungesunde Transfette.

Geistige Fitness

Was nützt es uns, wenn wir körperlich fit sind, aber geistig nicht mehr so recht folgen können? Umgekehrt ist es übrigens auch nicht besser. Ich habe beide Varianten erlebt. Nutzen Sie die Zeit also so lange es noch möglich ist, an beidem zu arbeiten.

Doch was genau können Sie nun machen, um geistig auf der Höhe zu bleiben?

Über einige Punkte hatten wir ja bereits gesprochen. Indem Sie sich an der frischen Luft bewegen und Ihren Körper mit guten Lebensmitteln versorgen, bieten Sie dem Geist schon einmal eine gute Basis. Und gerade die Flüssigkeitszufuhr, mit der wir uns auf den letzten Seiten schon beschäftigt haben, ist besonders für unseren Geist wichtig. Es gibt Erhebungen, nach denen die meisten Menschen im Alter durch regelmäßige Aufnahme von Flüssigkeit ihr Denkvermögen wieder steigern konnten. Wie bereits beschrieben kennen Sie es vielleicht von sich selbst, dass, wenn Sie an stressigen Arbeitstagen vergessen zu trinken, Sie mitunter Kopfschmerzen bekommen, sich schlechter konzentrieren können und sogar vergesslicher werden.

Die gute Nachricht lautet, sobald es uns auffällt und wir etwas trinken – im besten Fall Wasser oder mindestens etwas antialkoholisches – gehen diese Symptome wieder vorbei. Was geschieht jedoch, wenn wir über einen langen Zeitraum zu wenig trinken? Dann verstärken sich diese Symptome. Und gerade, weil wir mit zunehmendem Alter weniger Durst verspüren, kommt es auch vermehrt dazu, dass wir vergesslicher werden. Natürlich gibt es auch organische Ursachen für Vergesslichkeit, doch darauf möchte ich hier nicht eingehen.

Was also können wir tun, um unseren Geist so fit wie möglich zu halten? Außer den Körper mit ausreichend Flüssigkeit und

Sauerstoff zu versorgen, gibt es auch hier vielfältige Methoden, das Gehirn zu trainieren.

Rein auf der kognitiven Ebene finden wir gleich mehrere Lösungen: Sie wollten schon immer einmal eine neue Sprache lernen? Oder ein Senioren-Studium beginnen?

Es geht aber auch eine Nummer kleiner: Sudoku zum Beispiel oder Worträtsel. Kreuzworträtsel sind hier nur bedingt zu empfehlen. Damit wir uns richtig verstehen: Besser Sie beschäftigen sich mit einem Kreuzworträtsel als dass Sie überhaupt keiner geistigen Tätigkeit nachzugehen. Gerne erinnere ich mich an meine Großmutter mütterlicherseits, die es liebte, Kreuzworträtsel zu lösen. Falls sie etwas mal nicht wusste oder es passte ein Wort nicht, dass sie für richtig hielt, wurde das Rätsel halt angepasst. Ja, Oma wusste sich zu helfen. Doch was machen wir beim Kreuzworträtsel? Wir rufen passives Wissen ab. Anders beim Sudoku oder bei Worträtseln: Hier wird nicht nur unser Erinnerungsvermögen gefordert, sondern wir strengen automatisch unsere grauen Zellen an, um die Lösung zu finden.

In vielen Samstagszeitungen befindet sich nicht erst seit Corona ein Rätselteil in der Wochenendausgabe. Hier vereinen sich oft »Finde den Fehler«-Rätsel und Kreuzworträtsel, aber häufig auch zwei unterschiedlich schwere Sudokus und Worträtsel. Der stationäre Zeitschriftenhandel bietet ebenfalls eine große Auswahl an Rätselheften unterschiedlichster Art. Wenn Sie richtig gerne knobeln, sind sogenannte »Logik-Trainer«, die monatlich erscheinen, gut, um Ihre Gedächtnisleistung zu trainieren.

Sie mögen eher die geselligere Variante? Dann empfehle ich Ihnen unbedingt Gesellschaftsspiele, insbesondere Strategiespiele. Gesellschaftsspiele haben dann sogar noch einen doppelten Nutzen: Sie trainieren Ihre kleinen grauen Zellen und pflegen soziale Kontakte.

Für alle, die sich gerne bewegen, gibt es auch viele Möglichkeiten, die Merk- und Denkfähigkeit zu trainieren. Melden Sie sich doch zu einem Tanzkurs an. Oder lernen Sie jonglieren. Viele Bälle gleichzeitig in der Luft halten, konnten Sie doch im Berufsleben auch. Und hier müssen Sie ja nicht sofort mit sieben Bällen gleichzeitig beginnen. Nun nehmen Sie zu Beginn erst einmal drei Tücher. Die fallen nicht so schnell zu Boden wie Bälle und das Erfolgserlebnis stellt sich schneller ein.

Generell sind alle Bewegungsarten, die im besten Fall auch noch Überkreuz-Bewegungen erfordern, hilfreich, das Gehirn zu trainieren. Sogenannte Brain-Gym-Übungen.

Gesundheitsvorsorge

Sicherlich ist die Gesundheitsvorsorge nicht nur im Rentenalter wichtig und Sie sind wahrscheinlich immer schon zur regelmäßigen Kontrolle zu Ihrem Zahnarzt oder zur Krebsvorsorge gegangen. Wie so vieles in unserem Leben ändert sich im Alter aber auch hier einiges. Daher ist es unerlässlich, auch jetzt noch auf diese Untersuchungen, vielleicht aber auch zum Beispiel auf Impfungen zu achten.

Für mich ist sehr erstaunlich, dass viele Menschen mit zunehmendem Alter denken, jetzt seien verschiedene Untersuchungen nicht mehr notwendig. Doch schützt uns das Alter vor

Erkrankung? Nein, leider nicht. Eigentlich weiß es auch ein jeder von uns. Eigentlich! In den letzten Jahren hat sich in puncto Vorsorge für gesetzlich Versicherte einiges verändert. Insbesondere Untersuchungen wie die Krebsvorsorge bei Frauen, die früher zweimal jährlich von der Kasse bezahlt wurden, wird jetzt nur noch einmal übernommen. Daher möchte ich Ihnen einen Überblick geben, welche Vorsorgeuntersuchungen Stand heute (Herbst 2021) von den Krankenkassen übernommen werden, gesondert nach Geschlechtern.

Vorsorgeuntersuchungen für Männer

ab 18	halbjährliche Zahnkontrolle beim Zahnarzt
ab 35	alle drei Jahre Check-up beim Hausarzt
ab 35	alle zwei Jahre Hautkrebsfrüherkennung
ab 45	jährlich: Krebsfrüherkennung der Genitalien und der Prostata
ab 55	alle fünf Jahre alleinige Enddarmspiegelung sowie jährlicher Test auf verborgenes Blut im Stuhl
ab 65	einmaliger Ultraschall der Bauchschlagader zur Früherkennung von Aussackungen (Früherkennung Bauchaortenaneurysma)

(Quelle: Pflegebox.de)

Eigene Erfahrung:
Insbesondere den Ultraschall der Aorta würden mein Mann und ich immer und schon viel früher durchführen lassen. Auch wenn

»früher« bedeutet, es selbst zahlen zu müssen. Eine geplatzte Aorta führt innerhalb kürzester Zeit zum Tod. Wir haben es bei dem ersten Schwiegervater meines Mannes erlebt. Bei ihm wurde im letzten Moment eine perforierte Aorta erkannt, die dann »glücklicherweise« erst auf dem Operationstisch geplatzt ist. Das hieß damals wirklich Glück im Unglück, denn er hat es überlebt. Auch, wenn er nach dem Eingriff sechs Wochen im Koma gelegen hat.

Bei meinem Mann wurde es dank eines sehr aufmerksamen Arztes frühzeitig erkannt und er konnte kontrolliert operiert werden. Doch diese Operation ist definit kein Kinderspiel. Was wir definitiv damals unterschätzt hatten, war die sehr lange Rekonvaleszenz nach diesem Eingriff, der aufgrund der fortgeschrittenen Aussackung nur mit einem großen Bauchschnitt erfolgen konnte.

Vorsorgeuntersuchungen für Frauen

ab 18	halbjährliche Zahnkontrolle beim Zahnarzt
ab 20	jährliche Gynäkologische Untersuchung inkl. Gebärmutterhalsscreening (alle fünf Jahre) *
ab 30	Tastuntersuchung der Brust und benachbarter Lymphknoten
ab 35	alle drei Jahre Check-up beim Hausarzt
ab 35	alle zwei Jahre Hautkrebsfrüherkennung

ab 35	alle drei Jahre Kombinationsuntersuchung aus zytologischem Abstrich vom Muttermund und einem HPV-Test
Zwischen 50 und 70	alle zwei Jahre: Mammografie
ab 55	alle zehn Jahre alleinige Enddarmspiegelung oder alle zwei Jahre Test auf verborgenes Blut im Stuhl

(Quelle: BMG und pflegebox.de)

Für alle gilt:
Der regelmäßige dreijährliche Check-up ab 35 Jahren ist beachtenswert, um den Zivilisationskrankheiten unserer Zeit schon frühzeitig gewahr zu werden und gegensteuern zu können.

Denken Sie bei der Zahnkontrolle daran: Regelmäßig durchgeführt kann Sie Ihnen im Falle eines Falles viel Geld sparen!

IGEL-Leistungen und andere Zusatzleistungen

- Die professionelle Zahnreinigung ist für viele Menschen auch so selbstverständlich wie das zweimal tägliche Zähneputzen.
- Für Frauen kann es ratsam sein, sich auch weiterhin jährlich auf *Gebärmutterhalskrebs* untersuchen zu lassen. Die Kosten für das selbstbezahlte Screening liegen bei rund 25 Euro pro Untersuchung. Das von den Krankenkassen

bezahlte Screening findet nur jeweils in den Lebensjahren mit 0 und 5 statt. Die Krankenkassen informieren Sie in diesen Lebensjahren per Brief über den Anspruch auf diese Vorsorge.

- Bei der Kontrolle beim Augenarzt sollte bereits ab dem 40. Lebensjahr der *Augeninnendruck* kontrolliert werden.
- Manche Krankenkassen bieten ein sogenanntes Veno-Mobil an. Hier ist es möglich, die Gefäße überprüfen zu lassen. Natürlich geht dies auch bei einem Phlebologen. Die Kosten werden allerdings nur bei begründetem Verdacht bezahlt.

Sie fragen sich vielleicht, warum ich diesem Kapitel insbesondere der Ernährung einen so hohen Stellenwert einräume. Ganz einfach: Über die Parameter haben Sie es immer selbst in der Hand, etwas an Ihrem Leben zu verändern, zu verbessern. Je mehr Augenmerk Sie auf diese Themen lenken, desto größer ist die Wahrscheinlichkeit, einen langen und erfüllten Ruhestand zu erleben.

Kapitel 8
Von Singles und Paaren im Ruhestand

Nicht jeder befindet sich in einer Paarbeziehung, wenn er oder sie in den Ruhestand geht. Die Gründe hierzu sind vielfältig. Vielleicht ist jemand überzeugter Single, geschieden oder verwitwet. Menschen, die verwitwet oder geschieden sind, empfinden den Ruhestand häufig als eine größere Herausforderung als jene, die aus Überzeugung allein bleiben. Sicherlich kommt es darauf an, wie lange jemand schon als Single lebt. Aus den Reaktionen meiner Teilnehmer und Klienten ist dies jedoch häufig ein Thema, über das erst spät nachgedacht wird.

Im Ruhestand allein

Lassen Sie mich zunächst einmal mit verschiedenen Beispielen von Menschen, die im Ruhestand allein sind oder waren, starten.

Vor einiger Zeit sagte mir eine Teilnehmerin mit tränenerstickter Stimme: »Ich gehe jetzt in den regulären Ruhestand mit 65 Jahren und fünf Monaten. Ich habe drei gute Angebote erhalten, früher auszuscheiden, doch ich habe alle abgelehnt. Ich habe Angst. Angst vor dem Alleinsein. Ich habe keinen Partner, keine Kinder und meine Eltern leben auch nicht mehr. Ich habe doch bisher immer nur gearbeitet, weit weg von der Firma gewohnt. Für Hobbys ist nicht viel Zeit geblieben. Ich finde auch nur schwer Kontakt.«

Als ich diese Schilderung hörte, fiel mir ein älterer Herr aus der Nachbarschaft ein. Sollte ich sein Alter schätzen, würde ich sagen Mitte bis Ende der 70er. Ich begegnete ihm jeden Morgen, wenn ich mit unserem Hund die erste morgendliche Runde machte. Die ersten Male, die wir uns trafen, gingen wir stumm aneinander vorbei. Wir kannten uns nicht. In der Stadt ist es auch nicht unbedingt üblich, jemanden, den man nicht kennt und im Vorbeilaufen trifft, zu grüßen. Zu lächeln ja, aber nicht zwangsläufig zu grüßen.

Nach ein paar Tagen und mehreren Situationen, in denen unser Hund zu besagtem Herrn laufen wollte, blieben wir beide stehen, denn er wollte offensichtlich unseren »Einstein« streicheln. Zum ersten Mal schaute ich dem Mann in die Augen. Ich lächelte ihn an, er lächelte schon fast schüchtern zurück und sagte: »Wir sehen uns doch jetzt jeden Morgen, da können wir uns doch eigentlich grüßen, oder?« Ich muss gestehen, noch heute werde ich verlegen und nachdenklich, wenn ich an diese Situation denke. Warum hatte ich ihn nie gegrüßt? Einfach so. Seine Augen sahen traurig und leer aus. Zu jeder Jahreszeit trug er dieselbe ausgeblichene bordeauxrote Jacke, die oftmals viel zu dünn für das Wetter wirkte. Er sah einsam aus und sogar ein wenig verhärmt. Aus dem Gruß wurden nun sogar häufig ein paar Worte und er erzählte mir, dass seine Frau schon vor langer Zeit gestorben war und unsere Begegnung am Morgen meist der einzige Kontakt zu anderen sei, den er am Tag hätte.

Es gibt mir noch heute ein Gefühl von Beklommenheit, wenn ich an diesen Herrn denke. Als unser Hund dann einige

Jahre später leider über die Regenbogenbrücke ging, sah ich ihn oft nur noch von Weitem, wie er einsam seine Runden drehte. Und irgendwann gar nicht mehr. Ich weiß bis heute nicht seinen Namen.

Zwei weitere Beispiele:
Eine Dame, Mitte 70, seit einigen Jahren verwitwet, lebt in einem Mehrfamilienhaus, in dem Nachbarschaft und Nachbarschaftshilfe großgeschrieben und gelebt wird. Kaum ein Tag vergeht, an dem nicht mindestens einer an ihrem Gartentor stehenbleibt, winkt, ein paar Worte mit ihr wechselt. Oder bei ihr anruft, um nach ihrem Befinden zu fragen. Da sie selbst nicht mehr gerne Auto fährt, bringen ihr die Nachbarn oft Obst vom Bauern mit oder erledigen andere kleine Einkäufe für sie.

Trotzdem fühlt sie sich einsam, wie sie mir vor einiger Zeit erzählte. Ihre Familie wohnt 500 Kilometer entfernt, ein Besuch mal eben auf einen Kaffee ist somit schwer möglich. Kaum eines ihrer Hobbys lässt sich mit sozialen Kontakten verbinden und auch die Trauer um ihren verstorbenen Mann ist nach einigen Jahren immer noch sehr präsent und vielfach dominant.

Im letzten Beispiel geht es erneut um eine Dame, auch Mitte 70, ebenfalls verwitwet. Sie und die Dame aus dem vorhergegangenen Beispiel haben gemeinsam, dass auch sie ihren pflegebedürftigen Mann über viele Jahre hinweg betreute. Sie hat einen größeren Bekanntenkreis, der logischerweise aber auch nicht immer präsent ist und eine Tochter, die vielbeschäftigt ist. Diese Dame entkommt ihrer Einsamkeit, indem sie sich einen Hunde-Welpen anschafft. Zugegebenermaßen sehr schnell und vielleicht auch ohne über Konsequenzen nachzudenken, beispielsweise über das Lebensalter eines Hundes. Trotzdem ist es ein Garant für soziale Kontakte.

Beispiele von Menschen, die im Ruhestand allein sind. Verschiedene Persönlichkeiten, die ähnliche Situationen unterschiedlich bewältigen.

Die Dame mit dem Hund hat nicht lange überlegt. Ihr Credo: »Mit Hund oder kleinen Kindern lernst du Leute kennen und außerdem muss ich vor die Tür.« Kleine Kinder geht nicht mehr, Enkel waren nicht in Sicht, also musste ein Hund her.

Ich möchte Sie jetzt nicht dazu auffordern, sich einen Hund anzuschaffen. Doch was gerade das letzte Beispiel zeigt, ist:

Tipp:
Nehmen Sie Ihr Leben in die Hand. Sie haben im Ruhestand viele Möglichkeiten, der Einsamkeit zu entgehen.

Ich werde nie die Aussage eines Kollegen auf der Trauerfeier eines mit Anfang 50 viel zu früh verstorbenen Kollegen vergessen, die mich, damals Anfang 20, sehr nachdenklich stimmte. Er sagte: »Die Witwe ist jetzt eine lebendige Leiche. In dem Alter braucht sie sich doch keine Hoffnungen mehr machen, noch einmal einen Partner zu finden.« Die umstehenden Kollegen nickten. Der Kollege, der das sagte, war damals bereits über 60 und verheiratet. Ich frage mich noch heute, über

30 Jahre später, woher er diese »Weisheit« hatte. Oder hat sich die Welt in dieser Hinsicht so sehr verändert? Unabhängig davon, dass es viele Menschen gibt, die keinen neuen Partner mehr möchten, ist es doch in jedem Alter möglich, Anschluss und auch einen neuen Lebenspartner zu finden, sofern wir es wollen.

Gott sei Dank hat sich dieses Denken heute gewandelt. Unter anderem dank der sozialen Netzwerke, die natürlich kein Ersatz für reale Kontakte sind, aber durchaus die Basis für persönliche Treffen sein können.

Ich kenne ein Paar, das sich im Alter von über 65 Jahren über das Internet kennen und lieben lernte. Mittlerweile sind sie seit über zehn Jahren glücklich verheiratet, doch dazu später mehr.

Sie sehen anhand der vielen unterschiedlichen Beispiele, dass es viele verschiedene Möglichkeiten gibt, mit dem Gefühl der Einsamkeit umzugehen. Die eigentliche Frage, die sich hier stellt, ist: Fühlen Sie sich allein oder einsam? Denn wie ich es oben schon beschrieben habe, kann ich mich inmitten vieler Menschen einsam fühlen oder mich über freie Zeit für mich freuen. Einsamkeit ist subjektiv.

Aus einer Studie vom Institut der deutschen Wirtschaft (IW) aus 2019 geht hervor, dass sich rund 9,5 Prozent der Bevölkerung einsam fühlen. 60 Prozent davon sind Frauen. Das Interessante dabei ist, auch darauf zu schauen, in welchen Altersgruppen die Tendenz am höchsten ist. Sie können es erraten? Bei den Ü-60, aber auch in der Altersgruppe zwischen 20 und 30.

Für manche ist es vielleicht kaum vorstellbar, mal einen ganzen Monat nicht mit anderen Menschen zu sprechen. Für andere eine Realität, die sie bewältigen und das Beste daraus machen. Zwei Themen, die im Zusammenhang mit Einsamkeit häufig genannt werden, sind Gesundheit und Freizeitaktivitäten. Ist beides vorhanden, kann sich dies tendenziell positiv auf die Einsamkeit auswirken. Mit anderen Worten: die Menschen fühlen sich weniger einsam.

Tipp:

- Gehen Sie an Orte, an denen Sie Menschen kennenlernen können.
- Wenn Sie Tiere lieben, sich aber kein eigenes anschaffen möchten, unterstützen Sie doch das örtliche Tierheim und bieten sich als »Gassi-Gänger« an.
- Beginnen Sie ein Hobby. Im Kapitel »Den Tag mit Leben füllen« gibt es viele Beispiele dazu.

Plötzlich allein

Das Leben ist nicht immer gerecht. Wie oft sprechen wir von unserer »besseren Hälfte«? Doch was, wenn diese vermeintlich bessere Hälfte plötzlich nicht mehr da ist? Egal, ob eine lange Krankheit oder Pflegebedürftigkeit vorhergegangen ist, der Tod kommt letztendlich immer unerwartet.

Was nun für den übrig gebliebenen Partner wichtig ist, ist nicht nur eine gute Trauer-Verarbeitung, sondern auch eine Neustrukturierung des täglichen Lebens. Betrachten wir eine solche Situation mit etwas Abstand, ist es durchaus hilfreich, dass wir in der ersten Zeit durch die vielen Dinge, die wir regeln müssen, gar nicht recht zum Nachdenken kommen. Doch dann steht es irgendwann an. Wir müssen unseren Alltag neu strukturieren und viele Dinge, möglicherweise sogar alles, neu organisieren.

Ich habe schon Menschen erlebt, unabhängig vom Geschlecht, die es nicht über das Herz gebracht haben, Dinge im Tagesablauf oder in der Wohnung zu verändern, nachdem der Partner oder die Partnerin verstorben war. Manchmal werden die Partner oder die Beziehung nach dem Ableben auch glorifiziert. Das ist vielleicht verständlich, denn wir Menschen vergessen das Schlechte doch oft sehr schnell und in vielen Situationen ist das sicherlich von Nutzen. Wenn es aber darum geht, sich in sein neues Dasein einzuleben, zurechtzufinden, kann es vielfach auch hinderlich sein.

Eine Klientin, die nach eigener Aussage eine wahrlich nicht so schöne Ehe (es war viel Demütigung im Spiel) führte, saß noch am Todestag ihres Mannes bei mir und erzählte mir, welche schlechten Eigenschaften ihr Mann doch gehabt hat und dass die über 40 Jahre Ehe absolut kein Zuckerschlecken gewesen seien. Wenig später hängte sie ein riesengroßes Porträt ihres Mannes im Wohnzimmer auf, damit er auf sie aufpasse. Nach einigen Monaten nahm sie das Bild wieder ab, mit den Worten, nun sei es auch gut.

Ein Beispiel, das den »natürlichen« Trauerprozess darstellt, mit einem leichten Hang zur Glorifizierung. Heute, einige Jahre später, ist sie in ihrer Erinnerung immer noch hin- und hergerissen. Doch das ist normal. Wir Menschen vergessen häufig auch Dinge, die für uns zwar nicht gut, jedoch auch nicht lebensbedrohlich waren.

Von einem »normalen« – nicht psychologisch-pathologisch komplizierten – Trauerprozess sprechen wir, wenn der Trauernde nach einem Zeitraum von etwa sechs Wochen bis sechs Monaten langsam, aber stetig wieder in den Alltag zurückfindet. Über diesen Zeitraum von sechs Monaten hinaus sprechen Ärzte und Therapeuten von einem komplizierten Trauerprozess, der in seiner Symptomatik mit einer Depression vergleichbar ist.

Die Trauer-Phasen sind den Phasen der Veränderung recht ähnlich. Sie werden in dem Modell von Elisabeth Kübler-Ross detailliert beschrieben. Kübler-Ross war eine schweizerisch-US-amerikanische Psychiaterin, deren Berufung die Begleitung Sterbender war. Sie beobachtete während ihres Engagements, dass Menschen im Sterbeprozess fünf verschiedene Phasen durchlaufen. Diese Phasen sind beinahe identisch zu den Phasen, die wir bei der Bewältigung von Veränderungen durchleben.

- Leugnen
- Zorn
- Verhandeln
- Depression
- Akzeptanz

Die Phasen verschieben sich allerdings ein wenig in Bezug auf den Inhalt der Phasen.

Die Phase Eins ist geprägt vom Leugnen der Situation: »Das kann nicht sein, die Ärzte haben sich geirrt, die Diagnostik wurde vertauscht« bis hin zum Nicht-Wahrhaben-Wollen, dass der geliebte Mensch nicht mehr lebt. In Coachings habe ich es schon erlebt, dass eine verwitwete Klientin auch noch Wochen nach dem Tod den Tisch für zwei Personen gedeckt hat. Anfangs aus Gewohnheit. Später, damit sie sich nicht so allein fühle, sagte sie mir.

In der zweiten Phase wird häufig eine Wut auf den Sterbenden entwickelt, weil der Angehörige nun allein gelassen wird. Bei den Erkrankten oder Sterbenden keimt die Wut und der Zorn auf, weil ausgerechnet sie betroffen sind. Ein Satz, der häufig fällt, lautet: »Warum ich?« oder: »Warum musste er oder sie denn schon gehen?«

In der Phase Drei, der Verhandlung, versuchen die Betroffenen meist eine Lösung zu finden, nach Auswegen zu suchen. Angehörige und Betroffene verfallen oftmals in einen (blinden) Aktionismus, um selbst wieder die Oberhand zu gewinnen, um als Gewinner aus der Situation herauszugehen, statt das Opfer zu sein. Zu retten, was zu retten geht. Sie verhandeln mit sich und der Umwelt, um den Status quo von früher wieder herzustellen.

In der vierten Phase geht es, wie im Tal der Tränen, dann mit geballter Wucht in die depressiven Gefühle. Oft werden in dieser Phase die Gedanken von Schuldgefühlen begleitet. Ähnlich dem Hadern in der ersten Phase kommen nun noch

Gedanken, wie: »Ich habe doch alles getan, war es nicht genug?«, »Hätte ich früher etwas merken müssen?«, »Hätte ich etwas anders machen können?«. Ich habe auch Menschen erlebt, die nach dem Tod des Partners oder der Partnerin ebenfalls nicht mehr leben wollten. Dies kam dann sehr stark in der Phase Vier zum Ausdruck.

Tipp:
Wenn Sie nun merken, dass Sie in einer Trauerphase bzw. dem Trauerprozess als solchem länger verweilen oder Sie vielleicht sogar von Ihrer Familie oder Freunden darauf angesprochen werden, suchen Sie sich ruhig die Unterstützung Ihres Hausarztes oder eines Therapeuten. Diese können Ihnen helfen, Ihr Leben wieder lebenswert zu gestalten.

In der letzten Phase geht es dann darum, das Leben neu zu gestalten. Dinge zu verändern, die wir unter Umständen nur dem Partner zuliebe durchgeführt haben. Vielleicht machen wir jetzt den Urlaub, den wir mit Rücksicht auf den Partner nie gemacht hatten oder wir beginnen ein bisher undenkbares Hobby. Die Möglichkeiten sind unermesslich. Vielleicht sind wir aber in dieser Phase auch damit beschäftigt, unseren Bekannten- und Freundeskreis neu zu sortieren. Wie Sie neue Bekannte und vielleicht sogar Freunde finden können, erfahren Sie auf den folgenden Seiten.

Partnersuche im Internet

Für viele Menschen ist es nur schwer vorstellbar, im Alter noch einmal einen neuen Partner zu finden. Gut, nicht jeder möchte das. Ist die eine seit jeher überzeugte Single, so hat der andere möglicherweise die Liebe seines Lebens verloren. Nicht jeder Mensch fühlt sich nach dem Tod oder der Trennung vom Partner dazu bereit, sich wieder auf einen Partner, eine Partnerin einzulassen bzw. einzustellen. Insbesondere von älteren Witwen habe ich Aussagen gehört wie: »Gemeinsame Aktivitäten: ja, zusammenleben: definitiv nein.« Eine Witwe sagte mir mal sehr überzeugend: »Ich wasche für niemand anderen mehr die Unterhosen als für mich selbst.« Das war nach fast 50 Ehejahren.

Doch es gibt ebenfalls viele Menschen, die gerne wieder jemanden in ihr Leben lassen würden. Und genau hier stellt sich die Frage, wo wir denn unseren neuen Herzensmenschen kennenlernen können, wobei manch einer sogar im Internet fündig wurde.

Auf unterschiedlichen Plattformen, eine grobe Übersicht (ohne Gewähr) finden Sie im Anhang des Buches, tummeln sich viele Menschen, die hier auf der Suche nach Kontakten sind. Zu den Risiken komme ich später, denn die verbergen sich hier leider auch.

Es gibt inzwischen viele Paare, die sich über Single-Plattformen kennen- und lieben gelernt haben. Von einem solchen Paar möchte ich Ihnen gerne erzählen:

An einem regnerischen Tag im Frühling saß Anneliese allein zu Hause. Quirlig und lebenslustig, obwohl bereits in Rente, ging sie immer noch auf Minijob-Basis ihrem alten Job nach. Sie mochte einfach nicht gerne allein sein. Ihr Lebenspartner war vor einigen Jahren verstorben. Sie hatte zwar viele Freunde, doch ihr Herz sehnte sich nach einem Partner, mit dem sie das Leben teilen und genießen konnte. Und so meldete sie sich auf einer Plattform an. Einfach mal so. Mal schauen, was so passiert, waren ihre Gedanken.

Ohne Foto, mit ein paar wagen Eckdaten. Und sofort wurden ihr einige Herren in der gewünschten Altersklasse vorgeschlagen. Sie war erstaunt, wie viele Menschen es gab, die alleine waren. Das war ihr bisher nicht so bewusst.

Das Auge sieht, was es sucht. Sind es glückliche Paare, sehen wir auch nur glückliche Paare.

Schon beim dritten vorgeschlagenen Foto blieb ihr Blick hängen. Dieses Lächeln, ein wenig schüchtern, aber viel mehr verschmitzt, ging ihr nicht aus dem Kopf.

Es dauerte ein paar Tage, dann stupste Anneliese den Mann mit dem verschmitzten Lächeln einfach mal an. Was hatte sie schon zu verlieren?

Sie kennen »anstupsen« auf Social-Media-Plattformen? Wenn Sie in Ihre Freundesliste klicken, haben Sie die Möglichkeit, einen Kontakt eben »anzustupsen«, was bedeutet, dass man mit dem- oder derjenigen näher in Kontakt treten möchte. Es hatte etwas von einem virtuellen Flirt-Versuch.

Als sie mir von damals berichtete, fing sie an zu schmunzeln: »Ich kam mir vor wie ein Teenager. Immer, wenn ich auf mein Handy gesehen habe, war ich neugierig, ob er sich gemeldet hatte.« Und tatsächlich, er hatte zurückgestupst. So ging es eine kurze Zeit hin und her, mal stupste Anneliese, dann stupste Helmut.

Dann kam der erste Chat. Wie in den vielen, die danach kamen, hatten sich die beiden von Anfang an viel zu erzählen. Bis zu vier Stunden dauerte ihr Austausch häufig. Beide schmunzelten, als sie davon berichten: »Heute können wir auch mal eine Stunde nebeneinandersitzen und miteinander schweigen. Auch das kann schön sein.« Helmut fügt lachend hinzu: »Wir haben eben damals alles Wichtige gesagt, was zu sagen war.«

Nach kurzer Zeit vereinbarten die beiden dann ihr erstes lebensechtes Date. Zur Vorsicht hatte Anneliese ihre Tochter noch in sicherer Entfernung die Situation beobachten lassen. Als diese jedoch sah, dass Helmut wirklich »der« Helmut war und das Foto echt gewesen war, fuhr sie mit einer kurzen Nachricht an Anneliese wieder nach Hause.

Die beiden trafen sich nun regelmäßig und die Vertrautheit und Zuneigung wuchs. Ein Jahr später läuteten für die beiden die Hochzeitsglocken. Ich habe selten ein Brautpaar gesehen, das mehr strahlte. Diese Geschichte ist nun über zehn Jahre her und es scheint, als hätten die beiden im Herbst ihres Lebens den Menschen gefunden, nach dem sie unbewusst gesucht hatten.

Übrigens: Anneliese war 64 und Helmut 69, als diese schöne Liebesgeschichte, durch das Internet möglich gemacht, begann. Die Geschichte von Anneliese und Helmut ist wirklich so passiert und soll allen Mut machen, die sich nach einem Herzensmenschen sehnen und nicht wissen, wie sie ihn oder sie kennenlernen sollen.

Ich möchte gleichzeitig jedoch nicht damit hinter dem Berg halten, dass es auch Schattenseiten geben kann, ganz gleich, welche Plattform Sie auch immer wählen. Vielleicht haben Sie schon einmal von den sogenannten »Love-Scammern« gehört. Im Internet und im Fernsehen gibt es sehr viele Berichterstattungen über das Vorgehen dieser Menschen.

Professionelle Banden, die häufig in Nigeria, aber auch in vielen anderen Ländern zu Hause sind und es sich zur Profession gemacht haben, alleinstehende Frauen wie Männer erst verliebt zu machen und später finanziell auszunehmen.

Diese Menschen stehlen im Internet Bilder von in der Regel sehr attraktiven Menschen und geben ihnen einen neuen Namen. Häufig geben sie sich als verwitwet oder geschieden aus und haben in der Regel immer Kinder und Haustiere. Als Berufe finden wir z. B. Ärzte, Ingenieure und hochrangige Militärangehörige, selbstverständlich immer beiderlei Geschlechts.

Wenn Sie auf Social-Media-Plattformen wie Facebook oder Instagram aktiv sind, kennen Sie wahrscheinlich bereits solche Profile. Der Vor- und Nachname setzt sich gerne aus zwei Vornamen zusammen oder es steht eine Zahlenkombination hinter dem Namen. Oft geben sie sich als Europäer aus, die es in die USA »verschlagen« hat, die aber häufig eben auch nach ihrem aktiven Berufsleben immer noch in ihrem Job arbeiten. Und dies dann oftmals in Ländern, in denen die Erreichbarkeit nicht ganz so einfach ist. Damit werden dann zeitlich auftretende Kommunikationslücken begründet.

Nach kurzer Zeit werden die Nachrichten des Scammers sehr emotional und voller Liebesschwüre. Sie als Gesprächspartner werden mit Komplimenten überhäuft. Spätestens jetzt sollten Sie hellhörig werden. Bereits nach einem kurzen Austausch wird Ihnen die bedingungslose, einmalige Liebe vorgegaukelt.

Es gibt mittlerweile gute Apps, die es Ihnen ermöglichen, zumindest die Bilder zu prüfen. Spätestens, wenn Sie nun merken, die Person auf dem Bild hat einen anderen Namen oder ist im Internet gar nicht auffindbar, sollten Sie den Kontakt abbrechen, damit Sie nicht Gefahr laufen, um Ihr Geld betrogen zu werden. Denn genau das ist es, was Ihr Chat-Partner von Ihnen möchte: Ihr Geld!

Spätestens in diesem Moment sollten Sie den Kontakt schnellstmöglich abbrechen. Auch wenn es Ihnen bereits schwerfällt, da der Scammer oder die Scammerin eine emotionale Bindung mit Ihnen aufgebaut hat.

Es ist keine Frage von Intelligenz, ob ein nach einem Partner suchender Mensch auf einen Scammer hineinfällt. Ganz im Gegenteil. Sehr häufig sind es gerade intelligente und erfolgreich wirkende Personen, die von den Scammern angeschrieben werden, denn sie wollen schließlich an deren Geld gelangen.

Was wir in dieser Betrachtung nicht vergessen dürfen, ist, dass Scammer in speziellen Schulen genau darauf trainiert werden, eine emotionale Lücke, die sich beim Opfer auftut, zu schließen. Dieser Schwachpunkt wird durch geschickte Fragen sehr schnell erkannt.

Die Scammer bedienen genau die emotionalen Defizite, die die Suchenden füllen möchten. Sie geben Zuspruch und Zuneigung. Manchmal stehen sie auch rund um die Uhr für den Chat zur Verfügung. Dieser wird dann zumeist von mehreren Personen bedient. Betroffene Opfer sprechen im Nachhinein von abweichenden Schreibstilen und unterschiedlicher Wortwahl.

Daher:

- Googeln Sie den Namen Ihres Chat-Partners.
- Prüfen Sie das Bild über Bilderkennungs-Apps wie zum Beispiel: »Search Image« oder »Photo Sherlock«.
- Seien Sie auf der Hut vor übermäßigen Komplimenten, auch wenn diese vielleicht genau das sind, wonach Sie sich gerade sehnen oder was Ihnen gerade guttut.
- Und last but not least: Blockieren Sie den Kontakt. Halten Sie sich immer vor Augen: Sie chatten hier oftmals mit noch minderjährigen Schülern, die es tatsächlich professionell lernen, einsame oder alleinstehende Menschen zu betrügen.

Ich empfehle Ihnen, immer wachsam zu bleiben, wenn Sie im Internet nach einer neuen Partnerin oder einem neuen Partner Ausschau halten. Getreu dem Spruch: »Warum in die Ferne schweifen, wenn das Gute liegt so nah.«

Partnerschaft im Ruhestand

Viele Paare reden darüber, wenn einer oder vielleicht auch beide gleichzeitig in den Ruhestand gehen, was sie künftig alles gemeinsam unternehmen wollen. Endlich Zeit füreinander zu haben. Zeit, die während des Berufslebens meist zu kurz gekommen ist. Sogenannte Qualitätszeit. Gehören Sie auch dazu?

Oder gehören Sie eher zu jenen, die diesem neuen Lebensabschnitt in Ihrer Partnerschaft mit gemischten Gefühlen entgegensehen und sich fragen, wie es mit Ihrer Partnerschaft nun weitergehen soll? Bleibt sie gleich? Verändert sie sich?

Sicherlich wird sie sich verändern, wir sind ja jetzt vermutlich 24 Stunden 7 Tage die Woche miteinander, umeinander. Und wie funktioniert das?

Eine liebe Freundin, nennen wir sie Heide mit Ihrem Mann Michael, beide kurz vor dem Ruhestand, sagte mir letztens, natürlich nur hinter vorgehaltener Hand: »Mir graut davor, wenn wir beide zu Hause sind. Ich darf mich weiter um alles kümmern, und Michael macht weiter nichts. Heute ist es ja okay, ich arbeite nur Teilzeit, da kümmere ich mich eben um den Haushalt. Aber demnächst? Wenn wir beide zu Hause sind? Ich kümmere mich weiter um alles wie bisher und er macht sich ein schönes Leben? Und erst die Zeit davor, wenn er die ersten sechs Monate allein zu Hause ist! Dann habe ich den Job und den Haushalt. Das kann doch nicht sein.«

Auf meine Frage, ob Heide mit Michael einmal darüber gesprochen habe, sagte sie mir recht traurig: »Er hat nur gesagt, er sei dann ja schließlich im Ruhestand.« Meine Überraschung hielt sich in Grenzen. Schließlich kenne ich solche Äußerungen doch recht häufig. Insbesondere dann, wenn in der aktiven Berufszeit die Doppelbelastung meist nur auf einer Schulter liegt.

Vielmehr machte sich in mir mit Blick auf Heide ein Unwohlsein breit. Wie würde das weitergehen? Würde die Beziehung dem Stand halten? Würde sie vielleicht auch mal auf ihre Bedürfnisse hinweisen? Der wöchentliche Blumenstrauß, den sie von Michael erhält, ist sicherlich kein Ausgleich dafür, dass sie sich im Ruhestand weiter allein um alles kümmert.

Diese Befürchtungen sind keine Seltenheit, leben doch viele von uns in klassischen Rollenmodellen.

Oder ein ehemaliger Teilnehmer von mir, der mir mit Tränen in den Augen von seiner Angst berichtete. Seine Befürchtungen waren ganz andere. Ob seine Ehe die neue Situation aushalte, fragte er mich. Heute leben seine Frau und er in einer Fernbeziehung rund 150 Kilometer voneinander entfernt. Sie sehen sich nur am Wochenende.

Demnächst sollten sie dann sieben Tage die Woche 24 Stunden miteinander, umeinander sein? Eigentlich würden sie doch heute keinen wirklichen Alltag miteinander leben und kennen. Beziehung am Wochenende – das sei eigentlich eine Schön-Wetter-Beziehung. An den Wochenenden würde man ja versuchen, alles so problemfrei wie möglich zu gestalten. In der Woche hätte eigentlich jeder sein eigenes Leben.

Nur zwei Beispiele, die schon einen ersten Blick zulassen, welche Befürchtungen Paare mit dem Eintritt in den Ruhestand haben.

Eigene Erfahrung:
Als mein Mann in den Ruhestand ging, befand ich mich gerade noch in den letzten Monaten meiner Festanstellung, bevor ich mich selbstständig machen wollte. Wir dachten, wir hätten vorgesorgt, wenn es darum ging, wie wir diesen für uns beide nun neuen Lebensabschnitt verbringen. Wir hatten nicht viele, aber dafür zeitintensive Hobbys. In meiner rückblickend zugegebenermaßen leicht naiven Art in dieser Hinsicht dachte ich, wenn ich jetzt nach Hause komme, ist der Haushalt außer dem Abendessen fertig. Noch während ich diese Zeilen in Erinnerung an damals schreibe, schüttelt es mich vor Lachen. Hatte ich nicht gerade gesagt, wir hätten zeitintensive Hobbys? Ja, und genau denen ist mein Mann nachgegangen. Entweder war er mit dem Motorrad unterwegs oder auf dem Golfplatz.

Heute sage ich: Super, er hat alles richtig gemacht. Doch wie verhielt es sich damals? Können Sie sich den Stress vorstellen, den ich gemacht habe? Die Vorwürfe? Nun, ich dachte, ich wäre schlau und schrieb ihm tatsächlich To-do-Listen. Wer die abgearbeitet hat? Na logisch, entweder wir beide zusammen, so wie früher an den Wochenenden, oder ich. Aber jetzt mal im Ernst, würden Sie sich von Ihrer Partnerin vorschreiben lassen, was Sie erledigen sollen? Nein? Genau! Ich auch nicht. Und mein Mann auch nicht. Im Ruhestand? Dann schon erst recht nicht!

Betrachten wir zunächst einmal mögliche Szenarien, in welcher Reihenfolge die Partner in den Ruhestand gehen. Die Tipps folgen danach. Es ist hier vollkommen egal, um welche

Paar-Konstellation es sich handelt. Frau-Mann, Frau-Frau, Mann-Mann – mit Blick auf befreundete gleichgeschlechtliche Paare sage ich, es ist egal, vollkommen egal.

Fall 1: Ein Partner ist schon zu Hause

Nehmen wir einmal an, ein Partner ist schon zu Hause, aus welchen Gründen auch immer. Ob derjenige sein Leben eingerichtet hat? Ja sicher. Dieser Teil des Paares hat sich doch seinen Alltag so eingerichtet, wie es für sie oder ihn am besten passt, in den Stunden, die er oder sie allein zu Hause ist.

Vielleicht haben beide morgens zu früher Stunde gemeinsam gefrühstückt, danach verließ die andere das Haus. Und dann? Freie Bahn für die Tagesgestaltung! Vielleicht gab es ein paar Eckpunkte, doch im Großen und Ganzen konnte er/sie schalten und walten, wie er/sie es wollte. Und nun?

Da es uns meistens ein wenig wie Urlaub vorkommt, wenn wir auf einmal nicht mehr arbeiten müssen, fällt es kaum auf. Viele Neu-Ruheständler beginnen ihren Ruhestand tatsächlich mit einem realen Urlaub, was ja auch ein schöner Übergang ist. Ein Separator, wie es in der Psychologie genannt wird. Der Urlaub als bewusste Trennung vom Berufsleben. Doch dann kommt die Rückkehr. Der Sprung in das reale Leben ohne Beruf.

In meiner Coaching-Praxis habe ich schon Paare erlebt, die mir eben diese Situation geschildert haben. Sie kamen aus dem Urlaub nach Hause. Der Partner, der schon früher den ganzen Tag zu Hause war, ging seinen Routinen nach. Der Neu-Ruheständler aber wusste oftmals nur bedingt, wie er oder sie den

Tag mit Leben, mit Aktivitäten füllen sollte. Dies führte dann dazu, dass der eine dem anderen auf Schritt und Tritt folgte, schließlich wollte der Ruheständler nun Zeit mit dem Partner verbringen und sehen, was dieser tat.

Selbstverständlich sind hier nicht nur die Veränderungen im Ruhestand ausschlaggebend, aber sie sind sicherlich ein Einflussfaktor. Doch schauen wir uns zunächst noch die Fälle zwei und drei an.

<u>Fall 2: Beide sind berufstätig, gehen jedoch nicht parallel in den Ruhestand</u>

Vielleicht startet auch dieses Paar mit einem Urlaub in die neue Zeitrechnung. Danach bleibt der Neu-Ruheständler zu Hause und kann sich sein Leben neu einrichten, während der Partner weiterhin zur Arbeit geht. Sicherlich erkennen Sie schon die Parallele zum ersten Beispiel. Auch hier findet vielleicht noch ein gemeinsames Frühstück statt, doch danach? Unter Umständen gibt der Neu-Rentner aber seinem Bedürfnis nach, endlich ausschlafen zu können. Haben beide früher miteinander gefrühstückt, kann das fehlende gemeinsame Frühstück schon eine massive Veränderung für den berufstätigen Teil sein.

Doch was genau passiert danach? Auch hier gibt es selbstverständlich jene, die voller Tatendrang sind und denen alles auffällt, was so erledigt werden könnte.

Dazu zählen vor allem Hobbys, aber auch Dinge, die wir gerne auf die Zeit nach unserem Berufsleben schieben.

Es gibt aber ebenfalls diejenigen, die nun so gar nicht wissen, was sie mit sich und ihrer Zeit anfangen sollen. Abends kommt dann der Ehepartner bzw. die Ehepartnerin von der Arbeit nach Hause und wird zumeist direkt geradezu überfallen, was man denn gemeinsam noch alles so unternehmen könnte. Das führt häufig zu Spannungen in der Partnerschaft, vor allem, wenn der berufstätige Partner ausgelaugt ist und sich entspannen möchte. Denn was sich der Partner, der bereits zu Hause ist, häufig nicht mehr ins Bewusstsein ruft, ist, wie anstrengend ein Arbeitstag sein kann.

Was passiert, wenn dann auch der zweite Partner in den Ruhestand geht? Sie können es sich garantiert denken: Auf zu Beispiel Eins! Sie drehen die Schleife der nächsten Veränderung.

Fall 3: Beide Partner gehen gleichzeitig in den Ruhestand

Auch in dieser Variante erlebe ich es immer wieder, dass die meisten Paare erst einmal in den Urlaub fahren. Und dann? Im Prinzip ist es von allen drei Varianten die am einfachsten umzusetzende Option. Im besten Fall gewöhnen Sie sich jetzt als Paar auf diesen neuen Lebensabschnitt ein. Das ist wichtig, denn beide müssen sich zu Beginn erst in ihren Alltag einfinden. Und wie kann ein Paar dies gestalten?

Was in jeder dieser Konstellationen hilft

Wie kann es nun gelingen, dass der Übergang in den Ruhestand als Paar gelingt und die Beziehung vielleicht sogar einen neuen Kick bekommt? Obwohl es nach meiner Erfahrung Männern schwerer fällt, ist es nun besonders wichtig, darüber zu reden, wie sich beide Partner den neuen Lebensabschnitt vorstellen.

In der Regel sind die Kinder zu diesem Zeitpunkt aus dem Haus. Also alles auf Anfang. Doch das geht nur, wenn darüber gesprochen wird. Überlegen Sie, wer was gut kann und wer was gerne macht. Vielleicht auch, wer etwas gar nicht mag.

Setzen Sie sich mit Ihrem Partner oder Ihrer Partnerin zusammen und besprechen, wie Sie sich Ihren Ruhestand im Alltag vorstellen. Das machen Sie am besten immer mal wieder und auch nicht erst zu Beginn Ihres Ruhestandes. Denken Sie mal zurück an die fünfte Phase der Veränderung. Dinge ausprobieren und notfalls korrigieren. Wie genau soll das nun aussehen?

Sprechen Sie darüber, wer von beiden welche täglichen Aufgaben gerne übernimmt. Unter Umständen haben Sie als Frau bisher hauptsächlich gekocht, weil Sie bisher mehr Zeit hatten. Ihr Partner ist aber derjenige, der viel lieber kocht oder es gerne lernen möchte.

Überlegen Sie, welche Fix-Termine Sie haben oder nun wahrnehmen möchten. Das können Pflichttermine sein, aber auch Termine für ein Hobby oder ein Ehrenamt.

Vergessen Sie bei all diesen Überlegungen nicht, Zeit für sich einzuplanen. Sie bleiben weiterhin ein Individuum. Außerdem ist es für eine Beziehung auch im Ruhestand von Vorteil, wenn jeder zudem seine eigene Erlebniswelt hat. Dies bietet doch eine ganz andere Art von Austausch, als wenn ein Paar alle Aktivitäten gemeinsam macht.

In diesen Gesprächen werden Sie natürlich auch auf Ihre persönlichen, individuellen Themen stoßen. Nutzen Sie die Gelegenheit, Sachverhalte zu klären, die vielleicht schon länger unausgesprochen im Raum sind.

Vielleicht mag die Verteilung von täglichen Aufgaben für den einen oder die andere etwas antiquiert klingen. In Zeiten der fortschreitenden Emanzipation empfinde ich selbst es jedoch immer wieder als erstaunlich, wie häufig auch bei jungen Paaren das althergebrachte Rollenverständnis von Paaren vorherrscht, wer sich um was kümmert. Erstaunlich deswegen, da ich sehr häufig für unser eigenes, größtenteils traditionelles Rollenverständnis mit einem ungläubigen Seitenblick bedacht werde, auf der anderen Seite in Trainings oder Coachings sehr häufig von viel jüngeren Menschen von einem traditionell gelebten Rollenverständnis der Paare höre.

Selbstverständlich muss jedes Paar für sich selbst entscheiden, wie es mit dieser Situation umgeht. Es gibt in der Verteilung kein gut oder schlecht, denn es ist eben individuell. Doch gerade im Ruhestand, wenn beide zu Hause sind, sollten wir als Paar überlegen, wie wir unsere Tage gestalten und die Aufgaben so verteilen, damit wir unseren Ruhestand so erfüllt wie möglich genießen zu können.

Eigenes Beispiel:
Mein Mann etwa weiß, dass ich es liebe zu backen und zu kochen. Doch ich mag es gar nicht, die Küche danach aufzuräumen. Klar,

wird etwas zwischendurch nicht mehr benötigt, dann stelle ich es sofort in den Spüler oder zurück in den Schrank. Der Gedanke daran, hinterher Töpfe zu spülen und den Herd zu reinigen, behagt mir weniger. Mein Mann kann hingegen so gut wie nicht kochen. So kam dann irgendwann sein Vorschlag, dass ich mich dem Kochen widme, während seine Aufgabe künftig darin besteht, die Küche sauber zu halten. Eine für mich grandiose Lösung. Meinen Mann stört es nicht, Geschirr und Töpfe zu reinigen und wieder in die Küchenschränke zu verstauen und ich kann künftig durchaus öfter aufwendiger kochen. So entsteht ein zusätzlicher Genuss-Gewinn für uns beide.

Auf diese Weise lassen sich viele Dinge im Alltag regeln. Seien wir doch mal ehrlich mit uns selbst: Es sind die kleinen täglichen Nervtöter, die uns jetzt, wo einer oder beide im Ruhestand sind, so richtig piksen. Auch sollten Sie hier nicht zu lange damit warten, zu sagen, was gerade aus Ihrer Sicht nicht so gut läuft. Schlucken Sie es nicht herunter – darüber reden lohnt sich.

Sie sehen also, es gibt viele Möglichkeiten, in welcher Konstellation Menschen in den Ruhestand gehen. Wenn wir die Statistik der Scheidungsraten im Alter betrachten, ist es doch erstaunlich, wie hoch die Quote gerade auch bei langen Partnerschaften ist. Liegt die Scheidungsrate der Ehen bis zu 25 Ehejahren bei durchschnittlich 4773 geschiedenen Paaren im Jahr 2020, liegt die Anzahl der Scheidungen von Ehen mit einer

Dauer von über 26 Jahren bei 21756.[5] Sicherlich sind hier nicht nur die Veränderungen im Ruhestand ausschlaggebend, aber sie sind in den meisten Fällen ein großer Einflussfaktor.

Was die Partnerschaft ebenfalls beeinträchtigt, und das allerdings nicht nur im Ruhestand, ist der Umstand, dass wir oft in unterschiedlichen Sprachen sprechen. Und damit meine ich bei heterosexuellen Paaren nicht die viel gerühmte Frau-Mann-Diskrepanz in der Sprache und deren Bedeutung, sondern die Art, in der wir uns zeigen, dass wir uns lieben und schätzen.

Die fünf Sprachen der Liebe

Der amerikanische Paartherapeut Gary Chapman fand vor vielen Jahren heraus, dass ebendies ein Grund ist, warum so viele Paare aneinander vorbeileben, verzweifeln und die Ehen scheitern. In umfangreichen Studien an Paaren hat er herausgefunden, dass es fünf Sprachen der Liebe gibt, in deren Ausdruck wir uns geliebt fühlen oder eben Liebe zeigen.[6]

Warum ist es wichtig, diese Sprachen zu kennen? Nun, in der Regel hat jeder von uns ein bis zwei sogenannte Liebessprachen, die wir nutzen, um Liebe oder Zuneigung zu zeigen. Diese Sprache muss aber nicht die Gleiche sein, die uns das Gefühl gibt geliebt zu werden. Das klingt sehr kompliziert, richtig? Nein, eigentlich ist es das überhaupt nicht. Wir sind

---

5 Quelle: Destatis, Statistisches Bundesamt

6 Chapman, G. (2009). Die fünf Sprachen der Liebe. Francke-Buch, 7. Auflage

einfach nur jeder für sich anders und darauf sollten wir uns einstellen.

Dies bedeutet: Ich zeige meine Liebe in einer anderen Sprache als der, mit der ich mich geliebt fühle. Ich mache beispielsweise gerne Geschenke und drücke damit meine Zuneigung und Wertschätzung aus. Andererseits empfinde ich Liebe, Zuneigung und Wertschätzung anderer durch deren Unterstützung. Das macht die Sache nicht unbedingt einfacher. Daher ist es gut, alle Sprachen auf den Partner anwenden zu können, damit keine auf der Strecke bleibt.

Die hier aufgeführte Reihenfolge der einzelnen Sprachen hat keinen Bezug zur Rangfolge oder Häufigkeit.

Lob und Anerkennung

Für viele ist loben und damit Anerkennung zu zeigen etwas Ungewohntes. Komplimente machen gehört auch mit in diese Kategorie. Wie gerne wiegeln wir ab, wenn uns jemand etwas Nettes sagt. Vielleicht fällt Ihnen spontan die Werbung eines Wollwaschmittels aus dem Jahr 1985 ein: »Ist der neu? Nein, mit Perwoll gewaschen!« Das ist für viele teilweise bis heute noch zum Schlagwort geworden, um ein Kompliment zu schmälern beziehungsweise sich selbst damit kleiner zu machen, aus welchen Gründen auch immer. Viele von uns haben garantiert schon Glaubenssätze von den Erziehenden (Eltern, Großeltern ...) gehört, die uns damals in eine bestimmte Richtung lenken sollten. Beispielsweise: Eigenlob stinkt. Also bloß nicht auf das stolz sein, was ich selbst gemacht habe. Und wenn ich es nicht sagen darf, wie stolz ich bin, dann sollte es auch ein anderer nicht sagen. Wenn meine Leistung also nicht gelobt werden darf, dann die von anderen doch auch nicht.

Dazu die weitverbreitete Meinung: Nicht gemeckert ist Lob genug. Häufig sind wir es aus dem Berufsleben ja gar nicht gewohnt, Anerkennung zu bekommen.

Ich kann mich noch gut daran erinnern, als in einem meiner ersten Seminare im Rahmen einer Feedback-Runde niemand etwas sagen wollte. Das war schon ein arg mulmiges Gefühl für mich. Das schriftliche Feedback wurde erst eine Woche später abgefragt, also woran sollte ich erkennen, ob die Teilnehmenden zufrieden waren oder etwas zu meckern hatten? Als ich dann jedoch am Ende des Seminars meine abschließenden Worte sagte und die Teilnehmenden verabschiedet hatte, fingen diese plötzlich an zu applaudieren und standen dafür sogar auf. Wow, das war besser als jedes mündliche Feedback und auch eine Form von Lob und Anerkennung. Gut, Sie sollen jetzt nicht klatschen, wenn Ihr Partner etwas gemacht hat. Dieses Beispiel soll Ihnen nur eine weitere Möglichkeit zeigen, wie unterschiedlich wir Lob und Anerkennung ausdrücken können.

Doch was gehört eigentlich alles zum ausgesprochenen Lob und zur Anerkennung? Das kann ein einfaches »Danke« sein. »Das ist lieb von dir« oder wie auch immer Sie es ausdrücken mögen. Einfach dem anderen mit einem kurzen oder vielleicht auch längeren Wort mitteilen, dass man wertschätzt, was gerade für einen getan wurde.

Es kann aber auch ein »schön, dass du da bist« sein. Sicherlich fallen Ihnen viele Sätze zu unterschiedlichen Gegebenheiten ein. Wer hört nicht auch gerne, wenn es ehrlich gemeint ist: »Das hat sehr gut geschmeckt« oder »das war lecker«, vielleicht auch mal bei einfachen Gerichten?

Eigenes Beispiel:
Bei uns gibt es häufig einen wiederkehrenden Dialog, wenn die morgendliche Frage nach dem Abendessenswunsch kommt.
Ich: Was soll ich denn heute abends zu Essen machen?
Er: Was macht dir denn wenig Arbeit?
Ich: Ist doch egal. Worauf hast du Appetit?
Er: Mach etwas, das einfach geht, dann hast du nicht so viel Arbeit.
Ich: Ich mache mir die Arbeit gerne. ...
Keine Sorge, am Abend steht tatsächlich etwas Leckeres auf dem Tisch.

In diesem Dialog sind verschiedene Aspekte erkennbar. Bei meinem Mann schon das Wissen, dass ich gerne koche und auch oft viel Zeit (wenn ich sie habe) damit verbringe. Ausgedrückt werden kann durch eine solche Aussage aber auch der Wunsch nach mehr Qualitätszeit. Das bedeutet, wenn ich weniger Zeit für das Kochen aufwende, hätten wir mehr gemeinsame Zeit. Auf der anderen Seite meine Einlassung, dass mir der Aufwand bzw. der zeitliche Aspekt nicht ganz so wichtig ist, da ich ihn gerne mit einem guten Essen verwöhne. Auch wenn ich nicht explizit sage: »Ich koche gerne für dich.« Das bedeutet jedoch nicht, dass ich nicht gerne Zeit mit meinem Mann verbringe.

Sie sehen, das ein oder andere Mal kommen wir mit unseren Liebessprachen schon ins Schleudern. Umso wichtiger ist es, alle Sprachen zu bedienen. Ein probates Mittel, Missverständnissen vorzubeugen.

Tipp:
Wie Sie sehen, gibt es viele Möglichkeiten, dem anderen ein Lob oder Anerkennung auszusprechen. Sie müssen es nur für sich zulassen und es auch annehmen. Am besten nehmen Sie sich vor, Ihre Partnerin oder Ihren Partner künftig mindestens einmal täglich zu loben. Sie werden sehen, allein dadurch verändert sich so einiges in Ihrer Partnerschaft.

- Sagen Sie Ihrer Partnerin doch einfach spontan mal, was Ihnen an ihr konkret gefällt.
- Bedanken Sie sich doch bei Ihrem Partner einfach mal für Dinge, die Ihnen vielleicht sogar selbstverständlich vorkommen.

Qualitätszeit

In dem Beispiel des morgendlichen Ping-Pong-Spiels um das Abendessen hatte ich schon erwähnt, dass es in den Antworten auch um das Thema der Qualitätszeit ging. Dieser Begriff ist heute in aller Munde. Doch was ist eigentlich damit gemeint?

Bei der Hochzeit eines Paares in unserem Bekanntenkreis sprach der Pfarrer davon, es sei damit nicht gemeint, gemeinsam auf den Fernseher zu blicken.

Eine Kollegin von mir, Mutter dreier Kinder, erzählte davon, dass ihre Jüngste, damals elf Jahre alt, irgendwann einmal anmerkte, Mama sei ja nie da. Sie sagte das in einer Phase, in der die Kollegin wochenlang in ihrem Homeoffice gearbeitet hatte. Nein, es war nicht zu Corona-Zeiten, es war lange vorher. Meine Kollegin war darüber sehr erstaunt und erwiderte, dass sie doch in ihrem Büro sei und die Tür auch immer offen stehe und sie jederzeit kommen könnte. Darauf entgegnete die Tochter: »Ja, Mama, du bist da, aber nur für deine Kunden. Nicht für mich.« Die beiden haben sich daraufhin jeden Abend eine Mutter-Tochter-Zeit gegönnt und beide haben es sehr genossen.

Dieses Beispiel beschreibt den Unterschied, ich bin da oder ich bin für dich da, wohl am besten.

Nicht nur als Sprache der Liebe ist Qualitätszeit ein wichtiges Mittel, um die Partnerschaft zu beleben. Nutzen Sie im Ruhestand doch die Möglichkeit, nun Dinge zu tun, die Sie vielleicht auch immer schon gerne als Paar gemeinsam machen wollten. Nehmen Sie sich bewusst einen Tag in der Woche, den Sie als Paar-Tag gestalten. Oder einen Abend. Oder eine bestimmte Aktivität.

Eigenes Beispiel:
Vor einigen Jahren hatte ich die Betreuung für meine Großtante übernommen. Da diese sehr krank war, empfand ich es als selbstverständlich, hier einzuspringen. Es war zunächst ein fester Tag in der Woche für sie eingeplant, an dem ich dann nicht zu Hause war. Mein Mann saß in den ersten Jahren meist zu Hause, später unterstützte er mich vor Ort.

War das Qualitätszeit? Definitiv nicht. Ich hatte meinen mühsam freigeschaufelten einzigen freien Tag in der Woche für meine Tante reserviert.

Irgendwann merkten wir, dass uns dies nicht guttat. Wir beschlossen, einen Paar-Tag einzurichten. Einen Tag in der Woche, nur für uns. Es war kein konstanter Tag, da in meiner selbstständigen Tätigkeit Kundenaufträge nicht regelmäßig am gleichen Wochentag stattfinden. So schauten wir in den Kalender, an welchem Tag der Woche es passen würde und planten darauf abgestimmt Tagesausflüge, eine Auszeit auf dem Golfplatz, lange Spaziergänge, kurzum: Tage, die nur für uns waren. Wir ließen es uns gut gehen. Meine Tante fand das zunächst seltsam. So etwas kannte ihre Generation nicht. Sie merkte aber irgendwann an, dass es uns offensichtlich guttäte, wieder mehr Zeit für uns zu haben.

Qualitätszeit soll und muss nicht bedeuten, dass man sich permanent »auf der Pelle hängt«. Kleine oder längere Einheiten, in denen dem Partner die ungeteilte Aufmerksamkeit geschenkt wird, bilden jedoch nicht nur im Ruhestand eine gesunde Basis für die Partnerschaft.

Genauso wichtig ist auch, dass jeder seinen eigenen Freiraum erhält und sich keine Symbiose in dem Sinne ergibt, dass der eine für den anderen antwortet: »Ja, wir essen auch Spaghetti am liebsten«, »Ja, Sauna finden wir auch klasse«. Es ist gut, Dinge gemeinsam zu unternehmen, aber es darf und sollte auch jeder seinen eigenen Raum beanspruchen. Ein Wir-Gefühl ist wichtig, doch auch die Abgrenzung der eigenen Person und des eigenen Selbst ist notwendig.

Tipp:
Schenken Sie gerade zu Beginn des Ruhestands, in welcher Konstellation er bei Ihnen jetzt auch gerade eintritt, der Qualitätszeit Beachtung:

- Verbringen Sie bewusst Zeit miteinander. Ohne Fernsehen, ohne Handy.
- Reden Sie über die Dinge, die Sie vielleicht gerade jetzt besonders bewegen.
- Führen Sie gemeinsame Aktivitäten durch, um auch weiterhin gemeinsame Erlebnisse zu sammeln.
- Besprechen Sie, wer was machen möchte und auch wer was vom anderen erwartet.

Geschenke

Nun, die eine oder andere Leserin wird jetzt vermutlich direkt an einen wöchentlichen Blumenstrauß, den viele Frauen von ihren Männern erhalten, oder ein etwas größeres Geschenk zum Geburtstag denken.

Vielmehr sind hier aber die kleinen Dinge und vielleicht auch nicht berechenbare Dinge gemeint. Eine Partnerin, die gewohnt ist, nach jeder Dienstreise des Gatten ein »schnelles Geschenk« aus dem Duty-Free-Bereich oder der Bahnhofs-Mall zu bekommen, wird diesen Geschenken vermutlich keinen besonderen Stellenwert mehr geben.

Diese kleinen Geschenke sollen von Herzen kommen und keine Verpflichtung darstellen. Ich kenne einige Paare, bei denen er ihr zum Wochenende einen Strauß Blumen schenkt. Oftmals wird hier aus der anfangs noch liebevollen Geste eine reine Pflicht-Routine. Manchmal wird sogar vom beschenkten Part gar nicht bemerkt, wenn der Blumenstrauß einmal ausbleibt.

Wie solche regelmäßigen Geschenke schon fast in eine Forderung übergehen können und nichts mehr mit dem eigentlichen Gedanken zu tun haben, zeigt ein Beispiel, von dem mir eine Juwelierin vor einiger Zeit berichtete:

Ein Kunde, mit dessen Frau die Juwelierin gut bekannt war, kam jeden (!) Donnerstag ins Geschäft und kaufte für seine Frau ein Schmuckstück. Dieses Paar hatte jeden Donnerstag einen Paar-Abend und er schenkte ihr dann eben ein Schmuckstück. Irgendwann kam die Frau dann recht regelmäßig zu der Juwelierin und gab Anweisungen, welche Schmuckstücke die Juwelierin denn ihrem Mann verkaufen solle. (Wir sprechen hier nicht von Sammelarmbändern oder ähnlich, sondern von richtig wertvollen Schmuckstücken). Das ist mit Sicherheit ein Beispiel, welches für viele von uns in mehrfacher Hinsicht undenkbar wäre.

Doch sicherlich stimmen Sie mir zu, dass hier der gute Wille am Ziel vorbeigeht und der eigentliche Sinn verfehlt wird.

Geschenke, die hier gemeint sind, sind die kleinen Gesten, die zeigen, »ich habe an dich gedacht« oder »ich liebe dich«. Den anderen einfach mal überraschen. Da kann die einzelne Blume mitten in der Woche eine größere Wirkung haben als der besagte Strauß zum Wochenende.

Tipp:

- Schenken Sie ab und zu mal eine Kleinigkeit, einfach nur zum Zeichen »Ich hab´ dich lieb«.
- Lassen Sie keine Routine daraus werden, diese schleift sich ab.
- Seien Sie in einer positiven Art und Weise unberechenbar.

Unterstützung

Eine weitere Sprache der Liebe ist die Sprache der Unterstützung.

Für viele Menschen ist es das größte Anzeichen von Liebe, geliebt und unterstützt zu werden. Gerade jetzt, wenn es darum geht, den Alltag im Ruhestand neu zu organisieren und auch zu definieren, kann dies ein großer Punkt sein. Wie genau kann dies aussehen? Es gibt viele Möglichkeiten, sich gegenseitig zu unterstützen und mit zunehmendem Alter werden es immer mehr.

Vielleicht teilen Sie Ihre täglichen Arbeiten im Haushalt auf, je nachdem wer was mag oder besonders gut kann. Der gesamte Haushalt sollte im Idealfall nicht an einer Person hängen bleiben. Vielleicht sagen Sie jetzt: »Ich habe eine Haushaltshilfe, das passt für mich nicht.« Ja gut, und dennoch gibt es viele kleine Situationen, in denen eine Unterstützung erfolgen kann und die dem anderen hilft. Seien Sie vorausschauend, wenn Sie wissen, welche Aktivität oder Aufgabe beim Anderen ansteht und unterstützen Sie ihn dabei. Oftmals genügt lediglich eine kleine Handreichung.

Ich spreche hier nicht davon, die Aufgaben komplett zu erledigen, sondern die bereits erwähnten kleine Handreichungen. Kommen Sie oder Ihr Partner irgendwann an einen Punkt, der es aus gesundheitlichen Gründen notwendig macht, dass Ihr Partner bestimmte Tätigkeiten gar nicht mehr verrichten kann, ist natürlich eine komplette Übernahme dieser kein Tabu.

Unterstützung kann in diesem Zusammenhang aber auch das simple »Füreinander da sein« bedeuten oder dem anderen den Rücken für etwas freihalten.

Eigenes Beispiel:
Ich persönlich bin meinem Mann immer unendlich dankbar, wenn er sich darum kümmert, dass mein Auto fahrbereit und sauber ist. Nicht, weil es dem Klischee entspricht, dass Männer sich gerne um Autos kümmern. Das ist bei uns eher umgekehrt. Doch für mich ist die Zeit an der Tankstelle zum Tanken und Waschen meist eine verlorene Zeit, die ich lieber sinnvoller nutzen

möchte. Damit will ich meinen Mann nicht degradieren, er hat nun mal mehr freie Zeit als ich. Er wiederum freut sich sehr, wenn ich ihm auch mal den morgendlichen Gassi-Gang mit unserem Hund abnehme, damit er ausschlafen kann.

Tipp:

- Womit können Sie Ihren Partner unterstützen?
- Gibt es vielleicht Tätigkeiten, die der andere nicht so gerne mag und die Ihnen nichts ausmachen, sie zu erledigen?
- Überraschen Sie Ihren Partner doch einfach mal mit etwas, dass Sie schon erledigt haben, bevor die Sprache darauf gekommen ist.

Berührungen

Vermutlich werden Sie jetzt denken, nun kommt es, wie es kommen muss: Der Bereich Sexualität im Alter oder Silver-Sex, wie es häufig auch genannt wird. Nein, dieses Thema überlasse ich gerne den Sexualtherapeuten, die sich damit am besten auskennen. Zudem gibt es dazu einschlägige Literatur, die Tipps und Tricks für die möglichen Herausforderungen beim Sex im Alter bereithalten. Selbstverständlich handelt es sich dabei um ein wichtiges Thema, doch in diesem Kontext geht es vorrangig erst einmal wirklich nur um Berührungen.

Oftmals gehen in langen Beziehungen diese kleinen, oft unmerklichen Berührungen verloren. Zum Beispiel, wenn man aneinander vorbeigeht und den anderen sanft an der Hand, am Rücken eigentlich ganz unauffällig berührt.

Ein Zitat der berühmten amerikamischen Familientherapeutin Virginia Satir besagt:

»Wir benötigen pro Tag 4 Umarmungen zum Überleben.
Wir benötigen pro Tag 8 Umarmungen zum Leben.
Wir benötigen pro Tag 12 Umarmungen zum Wachstum.«

Mal Hand aufs Herz: Gehen Sie mit Ihrer Partnerin oder Ihrem Partner noch Hand in Hand spazieren? Auch dies ist eine kleine Berührung, die so viel mit uns machen kann. Sie zeigt Verbundenheit, sie kann uns lenken, sie kann uns aber auch Kraft und Zuversicht geben.

Schließlich ist die Haut unser größtes Organ und schon leiseste, sanfteste Berührungen und Streichelbewegungen führen zu einer Ausschüttung des Glückshormons Oxytocin. Hierdurch wiederum wird die Ausschüttung der Endorphine aktiviert, des körpereigenen Glückshormons, das in Folge Stress abbaut und uns entspannen lässt.

Dieses Buch entsteht in der Zeit von Corona, einer Zeit, in der schon Berührungen wie einfaches Händeschütteln vermieden werden sollen. Wie sehr fehlt den meisten von uns allein diese kleine Berührung? Geschweige denn eine Umarmung. Und wie sehr geht dies im Lebensalltag auch ohne Corona unter?

Also warum nicht direkt beim Lebenspartner beginnen?

Schauen Sie sich doch einfach mal auf der Straße ältere Paare an. Ich persönlich finde es immer sehr berührend, alte Paare Hand-in-Hand durch die Straßen laufen zu sehen. Man sieht ihnen ihre Verbundenheit oft nicht nur in dieser Geste an. Sie strahlen es oft mit jeder Faser ihres Seins aus.

Tipp:
Berühren Sie Ihren Partner oder Ihre Partnerin doch mal wieder so ganz nebenbei.

Greifen Sie beim Spazieren gehen einfach mal wieder nach der Hand des Partners.

Kapitel 9
Das Miteinander mit den Enkeln

Sicherlich können Sie sich noch an die größeren oder kleineren Reibereien mit Ihren Eltern und auch Großeltern während Ihrer Jugend erinnern. Fehlte doch oft das Verständnis der älteren Generationen für die Jugend, deren Handeln und oftmals auch schon deren Sprache. Ganz zu schweigen von Mode- und Musikgeschmack. Ich habe noch den Satz meiner Großeltern im Ohr: »So kannst du doch nicht auf die Straße gehen.« Kennen Sie diesen oder ähnliche Sätze auch? Im Zusammenspiel mit unseren nachfolgenden Generationen gibt es heute wie damals häufig Unverständnis und auch Unmut. Vielleicht sind Sie in der Situation, dass Sie schon Enkelkinder haben oder freuen sich auf künftige Nachkommen. Und vielleicht ist Ihnen auch schon einmal so ein Satz – in welcher Abwandlung auch immer – im Zusammenhang mit Ihren Enkelkindern, mit Sicherheit aber bei Ihren Kindern, durch den Kopf gegangen. Sie haben ihn sogar ausgesprochen? Willkommen im Club! Selbst wenn Sie keine Kinder oder Enkel haben, sind auch Sie vor solchen Gedanken in Bezug auf die Jugend nicht gefeit.

Ich hatte bereits darüber gesprochen, wie schön es sein kann, mit etwas Abstand, aber dafür jetzt ganz bewusst miterleben zu können, wie aus Babys, später Kinder, dann Jugendliche und schließlich Erwachsene werden. Im besten Fall dürfen wir dieses Heranwachsen lange miterleben. Ich selbst durfte meine Großeltern bis zu meinem 35. bzw. 40. Lebensjahr erleben. Unsere Enkelkinder, die Älteste ist 19, haben noch eine

Urgroßmutter. Das ist nicht allen Menschen vergönnt und somit etwas, wofür wir sehr dankbar sein können. Selbstverständlich auch, wenn wir im Umkehrschluss unsere Enkel so lange begleiten dürfen.

Nun bin ich selbst – wenn auch »nur« als Bonus-Oma - mit sieben Enkelkindern beschenkt. Gut, ich bin altersmäßig näher dran als mein Mann, doch merken wir durchaus, dass der Umgang mit den jüngeren Generationen oftmals nicht so einfach ist. Ging es nicht unseren Eltern und Großeltern genauso? Fanden die es nicht auch oft gruselig, was »die Jugend« denn so alles macht(e)? Aus Erzählungen kann ich mich an den Aufruhr der Eltern und Großeltern zu Beatles-Zeiten erinnern, die von den Jüngeren kaum einer nachvollziehen kann und konnte. Doch nicht nur der Musikgeschmack lässt ja Diskrepanzen zu, auch die Einstellung zum Leben und zur Arbeit hat sich in den letzten Jahren immer wieder verändert. Waren und sind es doch auch die Rahmenbedingungen, die sich unentwegt und immer schneller verändern.

Schauen wir uns einmal sachlich die unterschiedliche »Klassifizierung« der unterschiedlichen Generationen an, werden uns sehr schnell die Unterschiede bewusst. So unterscheiden wir zwischen

- den Babyboomern (1956 -1965)
- der Generation X (1966 – 1980, auch Generation Golf genannt)
- der Generation Y (1981 – 1996, auch als Millennials bekannt)

- der Generation Z (1997 – 2009 – umgangssprachlich Zoomer)
- der Generation Alpha (ab 2010)

Die Grenzen sind jetzt nicht ganz exakt zu setzen und dienen als ungefährer Richtwert. Je nach Quelle gibt es leichte Unterschiede in der jährlichen Zuordnung. So gibt es auch Darstellungen, in denen die Babyboomer bereits im Jahre 1946 beginnen. In Deutschland wird allerdings erst ab Mitte der 50er-Jahre von den Babyboomern gesprochen.

Wenn Sie dieses Buch in den Händen halten, gehören Sie vermutlich zu dieser Generation oder auch Kohorte.

Doch was unterscheidet diese Generationen eigentlich voneinander?

Die Babyboomer wurden als Kinder von Eltern geboren, die Kriegskinder waren und die den Aufbau miterlebt und mitgestaltet hatten. Zukunft, Wohlstand und Wachstum waren die Zauberworte. Die Kinder waren oft die Ersten in der Familie, die das Abitur machten und bessere Ausbildungen absolvieren konnten. Nach einem Thesenpapier der Körber-Stiftung ging es dieser Generation von Jahr zu Jahr besser. Bedingt durch Fleiß und harte Arbeit, um unter anderem die Eltern stolz zu machen, so wie im Grunde alle Kinder ihre Eltern stolz machen möchten.

Aus dieser Generation entstand dann die Generation X oder auch Generation Golf. Sie durften schon den durch die Eltern erworbenen Wohlstand genießen und entwickelten ein großes Markenbewusstsein. Für viele war der VW Golf oder der Opel Kadett das erste Auto. Eine Generation, die finanzielle Sicherheit und eine sehr ausgeglichene Work-Life-Balance genoss. Beruflich hatte diese Kohorte noch nicht die vielfältigen Möglichkeiten der Ausbildung, die es heute gibt. Doch es war ihnen möglich, mit Engagement und Eigenmotivation auch als Seiteneinsteiger ohne Studium die Karriereleiter emporzusteigen.

Technisch gesehen waren sie diejenigen, für die »EDV« zur Normalität wurde. Ich erinnere mich noch gut an meine Oberstufenzeit, als es irgendwann die erste Computer-AG gab. Ein damals ausgesprochen elitärer und kleiner Kreis. In der Ausbildung war es dann schon etwas selbstverständlicher, mit EDV zu arbeiten, doch irgendwie immer noch etwas Besonderes. Ein Szenario, das sich die nachfolgenden Generationen kaum mehr vorstellen können.

Anders die Generation Y, die Millennials. Für sie sind Internet und Handy schon etwas ganz Normales, ohne das sie sich ein Leben kaum denken können. Eine Generation, für die Telefone mit Wählscheibe und Schnur noch aus dem letzten Jahrtausend stammen. Sie halten dennoch eher nach dem Sinn des Lebens Ausschau und wollen selbstbestimmt und frei leben. Die Millennials hinterfragen Strukturen und möchten keine Work-Life-Balance, sondern viel eher eine Work-Life-Integration. Sie gestalten ihr Leben so, dass sie arbeiten und auch viel Einsatz zeigen, aber schon fast ein wenig wie Arbeitsnomaden sind. Sie möchten dort arbeiten, wo sie leben möchten und nicht umgekehrt. Außerdem suchen sie nach Selbstverwirklichung in allen Lebensbereichen. Während es für die Generation X noch angesagt war, nach der Arbeit Essen zu gehen oder beim Lieferdienst zu bestellen, sind die Statussymbole für die Generation Y eher die Gütesiegel der Bio-Siegel oder Nachhaltigkeit. Durch die Kohorte X wurden übrigens auch die After-Work-Partys geprägt.

Vielleicht kommt Ihnen in dieser kurzen Y-Beschreibung bereits der ein oder andere Kollege in den Sinn. Das wäre nicht verwunderlich, macht die Generation Y doch rund 50 Prozent der Berufstätigen in diesen Jahren aus.

Damit kommen wir zur Generation Z, die, die zwischen 1995 - 2010 zur Welt kamen. Die Berufseinsteiger dieser Generation werden seit 2020 auch als »Generation Lockdown« bezeichnet, da sie unter erschwerten Bedingungen sowohl ihre Schul- und Ausbildungszeit als auch die entsprechenden Abschlüsse absolviert haben. Die Generation Z, die als »Digital Natives« bezeichnet wird, weil der Umgang mit den digitalen Medien eine Selbstverständlichkeit ist. Ein weiteres Merkmal für die Generation Z ist, dass sie sich primär auf ihre eigenen Ziele konzentriert und fokussiert, was sie zu Einzelkämpfern und Individualisten macht. Wissen wird punktuell und situativ in der Regel über das Internet abgerufen. Angetrieben werden sie durch die Maximierung von Erlebnissen.

Nun sollten wir meinen, mit Z sind wir im Alphabet am Ende. Doch wir fangen einfach wieder vorne an. Denn was auf die Generation Z folgt, ist die Generation Alpha. Die Menschen, die zwischen 2010 und 2025 geboren wurden oder werden. Diejenigen, die komplett mit den digitalen Medien und der Technologisierung, aber auch mit einer politischen Instabilität und dem zunehmendem Klimawandel aufwachsen. Es sind die Kinder, die, wenn sie in einem Buch blättern möchten, eher wischen als blättern, weil sie es vom Smartphone oder Tablett so gewohnt sind und erstaunt schauen, wenn sich die Seite nicht so gut umblättern lässt.

Aus den beiden, zurzeit letzten Kohorten erwachsen unsere Enkelkinder. Um Ihnen den Wandel von Generationen ein wenig zu verdeutlichen, habe ich Ihnen einen kurzen Ausblick auf die Generationen und ihre Unterschiede seit Kriegsende gegeben.

Die Generationen Z und Alpha sind es, für die die Welt in der Kindheit aufgrund der Digitalisierung so unterschiedlich ist, im Vergleich zu uns Großeltern. Für die Jungen ist es so viel einfacher, wenn sie etwas nicht wissen, sich auf YouTube schnell ein Erklär-Video anzusehen oder im Netz zu googeln, anders als die Generationen vor ihnen, die den guten alten Brockhaus bemüht haben. Ich kann mich noch gut daran erinnern, als unsere zweitälteste Enkelin einmal vor unserer Bücherwand stand, in der sich auch ein 15-Bändiger Brockhaus befindet. Sie schaute mich fragend an, was das sei. Ich erklärte ihr, es sei ein Nachschlagewerk. Erstaunt entgegnete sie mir: »Omi, kennst du nicht Google?«

Auf die Anmerkung, ihre Eltern hätten diese Bücher doch auch (ich musste es wissen, wir hatten die Bücher ihrem Vater mal geschenkt) kam nur ein ungläubiges »Echt jetzt? Cool!« Aber eigentlich habe man doch jetzt alle Bücher als E-Book.

Dies ist nur ein kleines Merkmal, obwohl es sicherlich junge Menschen gibt, die noch gerne Bücher in den Händen halten, eine haptische und olfaktorische Erfahrung, die kein E-Book hergibt.

Die häufig doch sehr großen Unterschiede in den verschiedenen Kohorten können schon dazu führen, dass es zu Missverständnissen, ja vielleicht sogar zu einer Stille zwischen den Generationen kommt. Was denken denn eigentlich unsere Enkelkinder von uns? Gibt es vielleicht doch noch Dinge, die unsere Enkelkinder gerne von uns wissen möchten? Von uns, den Alten? Gibt es etwas, dass die Jungen von uns lernen möchten oder können wir sogar auch von ihnen lernen?

Zu Recherche-Zwecken habe ich eine überaus repräsentative Umfrage bei meinen beiden ältesten Enkelinnen (17 und 19) gestartet.

Folgende Fragen habe ich gestellt:

- Was wünsche ich mir von der Generation der Großeltern?
- Was möchte ich gerne von der Generation der Großeltern lernen?
- Was kann die Generation der Großeltern von mir lernen? (Ich bin überzeugt, lernen funktioniert hier in beide Richtungen)

Die Antworten waren höchst interessant. Ich gebe zu, die Antworten der ersten Frage habe mich ein wenig angerührt. Lesen Sie selbst. Da kamen Antworten wie:

- bedingungslose Liebe
- Unterstützung
- ein offenes Ohr haben
- von den Erlebnissen von früher erzählen
- gemeinsam Zeit verbringen
- von den Großeltern lernen

Bei den ersten Antworten ging es ihnen um die Akzeptanz des »Andersseins«. Wie wahrscheinlich in jeder Generation ist die Akzeptanz der Jungen füreinander eine ganz andere als zwischen den Generationen. Sie haben, angeregt durch die öffentliche Diskussion, oft schon ein sehr feines Gespür dafür, Menschen, die anders sind, sein zu lassen, wie sie sind. Denke ich an meine Kindheit und Jugend zurück, erinnere ich auch ein hohes Maß Akzeptanz und Toleranz anderen gegenüber. Allerdings wurde dies nicht so thematisiert wie heute.

Gemeint ist unter anderem die Toleranz zum Beispiel gegenüber der LGBTQIA+. Damit wird die Bewegung der Homosexuellen, Frauen wie Männer, in der auch Bisexuelle, Transgender und viele andere, deren Sexualität nicht heterosexuell oder deren Geschlecht nicht Mann oder Frau ist, ihren Platz finden, bezeichnet.

Entstanden aus dem Stonewall-Aufstand in der New Yorker Christopher Street am 28. Juni 1969, dem Aufstand der Schwulen, entstand in Erinnerung daran 1970 die Bewegung des

Christopher Street Days (CSD). Dieser wird seit 1972 auch in vielen größeren deutschen Städten meist im Juni, dem »Pride-Month«, von eben dieser Community abgehalten.

Diese Toleranz ist heute mit Sicherheit wesentlich höher und wird als das angesehen, was es ist: normal und zur Gesellschaft dazugehörig. Anders als in manch vorhergehenden Generationen, was mit Sicherheit auch an der veränderten Gesetzeslage unter anderem zum Thema Homosexualität liegt. Dies war ein Gesichtspunkt hinter den Antworten. Übrigens, auch ein Wunsch an die Generation der Großeltern bei Frage drei.

Auf die Frage, was ich von der Generation der Großeltern lernen kann, kamen Antworten wie:

- Dinge selbst machen: (ein-)kochen, nähen, praktische Haushaltsführung
- Umgang mit Hausmitteln
- Dinge schätzen lernen
- Danke sagen
- Geschichtliche Ereignisse
- Nachhaltigkeit, Dinge reparieren, die kaputt sind

Schauen wir uns diese Liste an, haben wir als Großeltern viele Möglichkeiten, mit unseren Enkeln in Kontakt bzw. ins Gespräch zu gehen und diese Begegnungen mit Leben zu füllen. Dinge gemeinsam erleben und gestalten, den Jungen etwas von uns mit auf den Weg zu geben. Wenn sie es möchten!

Denken Sie doch einmal darüber nach, ob es noch etwas gibt, das Sie von Ihren Großeltern übernommen haben.

Vielleicht sind es kleine liebenswerte Traditionen, die Sie weiter pflegen und die es wert sind, an die nächste Generation weitergegeben zu werden.

Ich hätte mir immer gewünscht, mehr von früher zu erfahren. Leider war meine Familie meist sehr schweigsam, wenn es um die Vergangenheit ging. Doch was hindert uns daran, den Jungen zu erzählen, was wir früher alles so angestellt und erlebt haben. Positives wie Negatives.

Dies soll nicht bedeuten, dass wir ausschließlich in der Vergangenheit leben und denken sollen. Doch auf diese Weise können wir den Enkeln ein wenig ihrer Wurzeln mit auf den Weg geben und sie vielleicht auch manche Reaktionen der Eltern besser verstehen lassen. Die gleiche Neugier, mit der die Enkel uns zuhören, können wir auch uns zu eigen machen und die Welt der Enkel neugierig erkunden.

Können Sie sich schon vorstellen, mit welchen Antworten die letzte Frage beantwortet wurde?

Was können die Großeltern von den Jungen lernen? Na klar, an erster Stelle natürlich

- Umgang mit der Technik und dem Internet
- neue Sachen auszuprobieren
- Toleranz (da sind wir wieder bei Frage eins)
- Offenheit für neue Kulturen (s.o.)
- und nicht zu vergessen, umweltschützend leben

Ich kann mich noch sehr lebhaft daran erinnern, als mein Mann vor einigen Jahren ein altes Smartphone von mir übernahm. Eigentlich vor dem Hintergrund, damit wir mal eben schnell eine WhatsApp austauschen können, wenn ich unterwegs bin und besser eine Nachricht schreiben kann als zu telefonieren. Es hat nicht funktioniert, als ich es ihm gezeigt und beschrieben habe. Viel besser wurde es, als die Enkel mitbekamen, dass Opa jetzt ein Smartphone hat und sie ihm zwischendurch schnell ein Foto oder eine Nachricht senden können. Sie waren es dann, die meinen Mann in die Welt der Messenger-Dienste eingeführt haben.

Es gibt so vieles im technischen Bereich, das wir von der jungen Generation lernen können. Wir dürfen uns nur nicht zu fein sein, sie zu fragen und um Hilfe zu bitten.

Manchmal brauchen wir auch die mentale Unterstützung, Dinge auszuprobieren. Dinge, die wir gerne machen möchten, uns aber wegen unseres Alters nicht trauen zu tun. Manchmal geben uns die Enkel, egal in welchem Alter, auch indirekt oder qua ihres Alters, die »Erlaubnis« dazu.

Ich denke da zum Beispiel ans Schaukeln auf dem Spielplatz. Welcher Erwachsene oder gar Rentner setzt sich heute noch auf eine Schaukel auf einem öffentlichen Spielplatz. Sind wir jedoch mit den Enkeln dort, juckt es uns schon mal in den Füßen, sich einfach mal wieder auf eine Schaukel zu setzen und durch die Luft zu schwingen. Dann handelt es sich weniger um Neues, das wir ausprobieren, aber um etwas, das uns noch einmal zurückbringt in eine oftmals unbeschwerte Zeit, als wir selbst noch Kind waren.

Auch wenn es um das Thema Toleranz in jedwedem Kontext geht, können wir von den Kindern so viel lernen. Kindern, egal in welcher Generation, war und ist es egal, welche Hautfarbe jemand hat oder aus welchem Land ein anderer Mensch kommt, ob jemand tätowiert oder mit Piercings übersät ist, welche Religion jemand hat oder wen diese Person liebt.

Die Fragen, die ich meinen Enkelinnen gestellt hatte, haben uns zu sehr intensiven Gesprächen über alle diese Punkte angeregt.

Sehr spannend war die Diskussion über das mangelnde Umweltbewusstsein der Großeltern-Generation. Ja, es wurden Themen wie Plastikmüll und große Autos besprochen. In manchen Dingen haben die jungen Leute mit Sicherheit recht. Auf meine Frage, wann sie denn ihr letztes Smartphone bekommen hätten und wie alt das Vorherige denn gewesen sei, wurde die Luft für die Mädels ein wenig dünner. Zumal ich kurz vorher mal gefragt worden war, wieso ich denn noch ein »Apfel 8« hätte. Viele Dinge, die wir hier leben bzw. vorleben, sind den Jungen oftmals gar nicht bewusst. Und auch hier gilt: Darüber reden hilft.

Und es ist immer wieder spannend, welche neuen Sichtweisen sich bei uns Alten, aber auch bei den Jungen dabei auftun. Ja, vielleicht ist das ein oder andere Kopfschütteln dabei. Wenn Sie es an sich bemerken, denken Sie doch einfach an Ihre Kinder- und Jugendzeit zurück und an die Reaktion Ihrer Eltern oder Großeltern.

Was können wir nun daraus lernen? Fragen Sie doch Ihre Enkelkinder einmal diese drei Fragen. Sie möchten andere Fragen stellen? Machen Sie es doch einfach. Wer hindert Sie daran?

Ein weiterer Punkt ist, dass viele Großeltern heute in die Kinderbetreuung eingebunden werden, wenn die Eltern beide arbeiten gehen. Wenn Sie dazu gehören, nutzen Sie diese wertvolle Zeit. Gestalten Sie sie als Geben und Nehmen mit den Enkeln. Es wird so für alle Beteiligten eine gute, unvergessliche Zeit.

Noch ein kleiner Tipp, falls Sie in der Enkelbetreuung aktiv sind. Stimmen Sie mit den Eltern ab, welchen »Handlungsspielraum« Sie bei den Kindern haben. Müssen die Eltern hinterher wieder mühsam ausbügeln, wo Sie alle Fünfe gerade sein lassen[7], kommt es leicht zu Missstimmungen, die so vermieden werden können.

Ja, Großeltern sind zum Verwöhnen da, doch das geht auch unter bestimmten Rahmenbedingungen. Zumal die lieben Kleinen es ganz hervorragend verstehen, Eltern und Großeltern ab einem bestimmten Alter gegeneinander »auszuspielen«.

Wie genau gehen Sie mit diesen Erkenntnissen nun in Beziehung zu Ihren Enkeln?

Ihnen hier einen präzisen Tipp zu geben, ist zugegebenermaßen schwierig, denn die Interessen unserer Enkel sind so

---

7 Falls Ihnen diese Redewendung nicht geläufig sein sollte: nachsichtig sein, es nicht so genau nehmen.

vielfältig. Die Prägung, die sie erfahren so mannigfaltig. Unsere Lebensumstände als Großeltern so unterschiedlich.

- Unternehmen Sie Dinge mit Ihren Enkeln, an denen Sie beide Spaß haben. Ob es der Zoo- oder Kindertheaterbesuch oder der gemeinsame Gang zum Spiel Ihres Lieblingsfußball-Clubs ist. Es sollte Ihnen beiden Spaß bereiten.
- Vermitteln Sie Werte, die Ihnen wichtig sind. Was allerdings nicht zwangsläufig bedeutet, dass die Kinder sie übernehmen. Hier gilt: nur was wir und die Eltern selbst auch vorleben, hat die Chance, von den Kindern übernommen zu werden, denn Menschen lernen am Modell und das sind in diesem Fall dann wir.
- Seien Sie offen. Ermuntern Sie Ihre Enkel, Fragen zur Vergangenheit zu stellen, indem Sie von sich aus beginnen zu erzählen.
- Laden Sie Ihre Enkel ein, gemeinsame Dinge zu bauen oder zu basteln. Zeigen Sie Ihnen Ihre Hobbys. Ermuntern Sie sie, Bücher zu lesen.
- Zeigen Sie ihnen, dass virtuelle Kontakte gut und hilfreich sein können, aber reale Kontakte niemals ersetzen
- Geben Sie den Enkeln die Möglichkeit, Ihnen etwas beizubringen.
- Lassen Sie sich auf die Welt Ihrer Enkel ein. Seien Sie offen für Neues. Denken Sie hierbei immer daran, auch unsere Großeltern fand viele Dinge ganz schrecklich, die wir in jungen Jahren erlebt haben. Frisuren, Musik, Kleidung, die Liste ist unendlich.
- Nehmen Sie die Enkel ernst.

Kapitel 10
Lebensorte

Wenn wir uns mit unserer Lebenszeit nach dem Arbeitsleben beschäftigen, geht es - wie schon beschrieben – nicht immer nur um Spaß, Freizeit, Hobbys und Reisen. Nein, auch ganz pragmatische Themen zählen zu diesen Überlegungen. Sicherlich gehören Sie auch zu den Menschen, die im Alter weiterhin selbstbestimmt leben möchten. Wer möchte das nicht? Vielleicht haben Sie bereits konkrete Pläne gemacht oder sogar bereits umgesetzt, um so lange wie möglich weiterhin in Ihrem vertrauten Umfeld wohnen zu können. Denn genau das ist es, was der größte Teil der Menschen gerne möchte. In den lieb gewonnenen »vier Wänden« bleiben.

Oder gehören Sie zu denen, die genau wissen, dass das Wohnumfeld, in dem Sie heute leben, in einigen Jahren womöglich nicht mehr altersgerecht ist? Sie leben vielleicht in Ihrem Eigentum, das aber jetzt, wo die Kinder aus dem Haus sind, viel zu groß geworden ist und über viel zu viele Stockwerke verfügt?

Ich erlebe es regelmäßig, dass sich viele Menschen erst spät, manchmal zu spät, Gedanken darum machen, wie und wo sie im Alter am besten wohnen möchten und können. Bestimmt kennen auch Sie Menschen, die im hohen Alter immer noch in ihrer meist viel zu großen und viel zu hoch gelegenen Wohnung wohnen und den »Absprung« in eine andere Wohnform bzw. eine altengerechte Wohnung verpasst haben.

Eigene Erfahrung:
Wie gut kann ich mich noch daran erinnern, als wir unsere Maisonette-Wohnung in der zweiten Etage kauften und ein Onkel meines Mannes dies für eine unvernünftige Tat hielt. Dies sei keine Wohnung, in der wir bis zum Lebensende wohnen bleiben würden. Damals haben mein Mann und ich, beide durchaus sportlich, geschmunzelt. War mein Mann doch gerade erst Mitte 40.

Heute, rund 30 Jahre später, sehe ich das ein wenig anders. Die insgesamt drei Etagen werden doch manchmal recht beschwerlich, vor allem, wenn etwas zu tragen ist. Auch liegt das Schlafzimmer - heute noch – in der oberen Etage. Überlegungen, dies zu ändern, sind bereits im Gange. Oder sogar die geliebte Wohnung ganz zu verlassen. Doch wohin wollen wir ziehen? Schließlich möchten wir gerne in unserem gewohnten, zentral und doch ruhig gelegenen »Kiez« bleiben. Die öffentlichen Verkehrsmittel befinden sich fast vor der Haustüre und Supermärkte sowie andere Geschäfte des täglichen Lebens sind fußläufig gut erreichbar.

Sie kennen solche Gedanken? Unter Umständen sind nur kleine Maßnahmen notwendig, um am momentanen Lebensort weiter wohnen zu bleiben. Denn häufig ist es in der Wohnsituation, die wir in vielen Städten haben, recht schwer, im nahen Umfeld eine barrierefreie, altengerechte Wohnung zu finden. Ein Seniorenheim ist für die meisten Menschen undenkbar, für viele leider aber auch irgendwann unabwendbar.

Mittlerweile gibt es so viele unterschiedliche Wohnformen für ältere Menschen, dass in jedem Fall sinnvolle Alternativen existieren. Wie vieles im Leben ist die Wahl des Lebensortes ausgesprochen individuell.

Zu Hause wohnen bleiben

Wie schon gesagt, wer möchte das nicht: Am vertrauten, lieb gewonnenen Lebensort auch weiterhin wohnen zu bleiben? Doch wird das auf Dauer gutgehen? Was, wenn die Beine oder der Rücken nicht mehr so mitmachen wie bisher? Manchmal sind es unvorhersehbare Erkrankungen, die uns beispielsweise den Weg in die eigene Wohnung zur extremen Herausforderung machen. Oder die Nutzung der heiß geliebten Badewanne, die nun aufgrund des hohen Einstiegs auch als Dusche kaum nutzbar ist, da die Sturzgefahr dann sehr hoch ist.

Hier kann es schon sehr hilfreich sein, den ein oder anderen kleinen Umbau vorzunehmen. Da wir in Deutschland den Prognosen nach in 30 Jahren fast acht Millionen Menschen über 80 Jahren sein werden – etwa doppelt so viele wie heute – steigt auch der Bedarf an altengerechtem Wohnraum. Dies ist nicht nur über Seniorenheime abzudecken, weshalb solche altengerechten Veränderungen meistens förderungswürdig sind und mit Mitteln der KfW-Bank gefördert werden. Solche Anträge können bei Mietwohnungen sowohl vom Vermieter als auch vom Mieter selbst gestellt werden. In jedem Fall ist es sinnvoll, sich mit dem Vermieter über Änderungswünsche auszutauschen. Denn vielleicht hat dieser sogar ein Interesse daran, seine Wohnungen altengerecht bzw. barrierefrei umzubauen.

Wenn Sie nicht das ganz große Rad in puncto Erleichterungen im Wohnumfeld drehen möchten, können es auch die kleineren Dinge sein, die sich schon bemerkbar machen. Entfernen Sie Stolperfallen wie Teppiche und Brücken. Abgesehen von der dann abgewendeten Sturzgefahr ist auch die Raumpflege einfacher. Ein schöner Teppichboden oder Parkett bzw. Laminat ist einfacher zu pflegen und sieht auch schön aus. Erfahrungsgemäß ist dies allerdings auch oft ein Veränderungsprozess, den wir nicht für nötig befinden, doch wer schon einmal über eine Teppichkante gestolpert und gefallen ist, weiß, welche unangenehmen Folgen ein solcher Sturz haben kann. Wie viele ältere Menschen haben durch einen Oberschenkelhalsbruch massiv an Lebensqualität eingebüßt.

Im Bad können zum Beispiel Haltegriffe oder ein erhöhter WC-Sitz für mehr Komfort sorgen. Oder auch ein Wannenlift, der Ihnen dabei hilft, die heiß geliebte Badewanne zu nutzen. Wenn Ihre Dusche groß genug ist, kann auch ein Hocker unterstützend sein, um bei eventuellen Gleichgewichtsstörungen oder Gangunsicherheiten einfach im Sitzen zu Duschen. Und natürlich nicht zu vergessen ist die Anti-Rutsch-Matte oder der Anti-Rutsch-Belag in Wanne oder Dusche. Für solche Hilfsmittel, die im Bedarfsfall auch vom Arzt verordnet werden können, gibt es dann Zuschüsse von der Krankenkasse.

In der Küche können kleine bauliche Veränderungen ebenfalls sinnvoll sein. Wie zum Beispiel eine höhenverstellbare Arbeitsfläche – bei ungleich großen Partnern ist das natürlich nicht nur im Alter hilfreich. Bei einer anerkannten Pflegestufe kann es auch für solche Umbauten Förderungen von der Pflegekasse geben.

Wenn wir davon reden, im Alter im eigenen Zuhause wohnen zu bleiben, ist die Veränderung des Schlafzimmers eine Option. Angefangen bei sogenannten Seniorenbetten, die etwas höher und somit sehr bequem im Einstieg sind bis hin zu einer Umgestaltung bzw. Verlegung des Schlafzimmers. Dies kann in Häusern oder mehrgeschossigen Wohnungen angebracht sein, wenn das Schlafzimmer im oberen Stockwerk zu finden ist. Treppenlifte, durch die Medienpräsenz in vielen Köpfen präsent, sind ein probates Hilfsmittel, das uns hilft, Stockwerke zu überwinden. Auch hier sind Zuschüsse der Krankenkassen möglich.

Sollte der Fall eintreten – den keiner möchte, den aber so viele erleben, nämlich die Pflegebedürftigkeit – ist es bei den meisten auch der Wunsch, zu Hause wohnen zu bleiben. Bietet der Wohnraum die Möglichkeit, unter Umständen einer Pflegekraft auch Unterkunft zu bieten, ist das auch von Vorteil. Dies ist natürlich ausschließlich im Falle einer unumgänglichen Rund-um-Betreuung angebracht.

Tipp:
Egal, was Sie in Ihrer Wohnung oder in Ihrem Haus auf Barrierefreiheit oder altengerechtes Wohnen verändern möchten, es ist immer hilfreich, darauf zu achten, ob und welche Form der Förderung es gibt. Sei es durch vergünstigte Kredite oder kleinere Hilfsmittel, die von Kranken- oder Pflegekassen gefördert oder bis auf einen Eigenanteil übernommen werden.

Die Senioren-WG

Auch die Wohn- oder Lebensform in der Senioren-WG schwebt vielen Menschen im Kopf herum. Ich spreche hier nicht von einer Demenz-Wohngruppe oder etwas Vergleichbarem. Auch diese Form der Senioren-WG ist ja möglich. Nein, ich spreche von einem schönen großen Haus, am liebsten einer alten Villa mit vielen Zimmern, die gemeinsam mit ähnlich alten, gleichgesinnten Menschen bewohnt wird. Selbstverständlich ist dann alles altengerecht und barrierefrei ausgestattet, inklusive einem Wohnraum für eine Pflegekraft, die sich im Bedarfsfall um alle kümmern kann.

Ist dies ein Traum derer, die sich in ihre Studentenzeit zurückversetzt fühlen möchten und noch einmal ein Stück Jugendlichkeit zurückerobern möchten? Oder ein Wohnprojekt, über das es sich lohnt nachzudenken?

Sollten Sie über eine solche Lebensform im Alter nachdenken, sind die rein baulichen Ansprüche, die ein solches Haus zu erfüllen hat, die gleichen, als würden Sie zu Hause wohnen bleiben. Im besten Fall werden die Umbauten von allen Beteiligten mitgetragen, wodurch Kosten minimiert werden. Diese Betrachtung ist die rein materielle bzw. finanzielle Sicht.

Es hört sich zunächst einmal danach an, als hätte man eine Menge Spaß. Sie sind nämlich in erster Linie nicht allein. Es ist in der Regel immer jemand da, mit dem man sich unterhalten oder gemeinsame Dinge erleben oder erledigen kann. Im besten Fall ist immer jemand vor Ort, der unterstützen kann, wenn es notwendig ist.

Doch vielleicht hören Sie auch schon ein leises »Aber« mitschwingen. Sie planen ein solches Wohnprojekt mit Freunden, Bekannten, mit denen Sie sich heute gut verstehen?

Ja, klar. So etwas planen die wenigsten mit Fremden, doch warum eigentlich nicht? Kennen Sie Ihre Freunde so gut, dass Sie tatsächlich mit Ihnen unter einem Dach leben möchten? Häufig sind es dann die kleinen Marotten, die uns schnell auf die Nerven gehen und auf das eigentlich so wunderbar geplante Wohnprojekt Schatten wirft.

Daher kann ein solcher Lebensort mit Fremden vielleicht sogar Vorteile bieten. Wir gehen mit uns unbekannten Menschen oftmals vorsichtiger, sensibler um als mit denen, die wir vermeintlich gut kennen.

Tipp:
Wenn Sie über die Lebensform in einer Senioren-WG mit Freunden oder Fremden nachdenken, setzen Sie sich im Vorfeld gemeinsam hin und überlegen, welche Vorstellungen Sie alle von einem solchen Zusammenleben haben. Im besten Fall sprechen Sie auch darüber, wer sich wie einbringen kann und möchte. Was jedem einzelnen für sein oder ihr Leben wichtig ist. Das bedeutet nicht, dass es später keinerlei Probleme gibt, doch in der Regel scheitert ein solches Projekt dann nicht an Grundsatzfragen.

Das Mehrgenerationen-Haus

Mehrgenerationen-Häuser zählen zu einer Lebensform, von der wir heute immer wieder hören. Es gibt sie zunehmend öfter. Dank eines Bundesprojektes, das seit 2020 läuft und auch im Jahr 2021 weiter gefördert wird, gibt es zurzeit ca. 540 Mehrgenerationen-Häuser in Deutschland.

Doch was genau ist eigentlich ein Mehrgenerationen-Haus? Mehrgenerationen-Häuser sind Begegnungsorte für alle Menschen, unabhängig von Alter oder Herkunft und dabei ist der Name Programm. Ähnlich den Großfamilien, die wir vielleicht noch aus den Überlieferungen des letzten Jahrtausends kennen oder in der Kindheit gar selbst noch miterlebt haben, leben hier viele Generationen unter einem Dach. Selbstverständlich jeder in seinen Räumlichkeiten.

Was bei dieser Lebensform ganz großgeschrieben wird, ist das gelebte Miteinander: Jeder hilft jedem, jung hilft alt und alt hilft jung. Jeder bringt sich nach seinen Fähigkeiten ein. Die Angebote und das Engagement sind sehr vielseitig und je nach Haus individuell. Einmal werden die Älteren zu Ersatzgroßeltern und sie hüten die Kinder, ein anderes Mal helfen die Jüngeren beim Einkauf oder anderen Tätigkeiten, die den Älteren schwerer fallen. Es kann sich aber auch um Unterstützung für den Beruf oder zum Erlernen einer Sprache handeln; die Angebote sind wirklich unendlich.

In jedem Mehrgenerationen-Haus gibt es einen offenen Treffpunkt. Hier werden Kontakte geknüpft und finden Treffen der Generationen statt. Es ist gewissermaßen das Wohnzimmer für alle.

Wie in Seniorenheimen finden wir in Mehrgenerationen-Häusern auch Andachtsräume, in denen die Bewohner, die nicht mehr in die Kirche gehen können, an Gottesdiensten teilnehmen können. Auch kleinere Bibliotheken gehören meist zur Standard-Einrichtung.

Der Vorteil, den Mehrgenerationen-Häuser bieten, ist die Gemeinschaft und die Gesellschaft mit anderen. Sie bieten das Gefühl des »Gebrauchtwerdens«, vorhandene Fähigkeiten noch sinnvoll einsetzen zu können.

Wollen Sie in einem solchen Wohnobjekt eine Wohnung »ergattern« – ja ich meine es so wie ich es schreibe –, sollten Sie sich früh genug kümmern, wenn es Neubauprojekte an Ihrem

Wunschort gibt oder sich auf eine Warteliste setzen lassen. Diese Wohnungen sind meist sehr begehrt.

Der Beginenhof – ein Wohnprojekt für Frauen

Ursprünglich waren die Beginen im Mittelalter unabhängige und selbstständige Frauen, die auf der Suche nach einem spirituellen Leben außerhalb von Klostermauern waren.

Zu Beginn waren es meist Frauen aus dem Adel oder dem Mittelstand, die in den Beginenhof zogen, später schlossen sich Frauen aus allen Schichten der Bevölkerung dieser Bewegung an. Es gab einige Unterschiede zum Kloster, beispielsweise, dass kein (lebenslanges Gehorsams-)Gelübde abgelegt werden musste. Auch konnte jede Frau die Gemeinschaft wieder verlassen, wenn sie es wollte.

Ein nicht zu vernachlässigender Unterschied zum Leben jenseits des Beginenhofes war die Möglichkeit der Bildung, die diese Wohngemeinschaft bot. Das Leben im Beginenhof war somit für viele Frauen eine Möglichkeit, unabhängig und wirtschaftlich selbstständig zu leben – eine Alternative zur Ehe. Sozial auferlegte Rollen wie Ehe und Mutterschaft konnten die dort lebenden Frauen auf diese Art verweigern.

So viel zum Hintergrund. Ein wenig anders ist es im 21. Jahrhundert schon. Wie damals gibt es auch heute noch in vielen größeren Städten Beginenhöfe. Wohnprojekte von und für Frauen. In diesen Beginenhöfen gibt es Eigentumswohnungen, aber auch Mietwohnungen oder Sozialwohnungen. Das ist ein wenig vom entsprechenden Projekt abhängig. Bei den

Beginenhöfen handelt es sich heutzutage meistens um große Wohnhäuser, die Karree-artig angeordnet sind und somit einen Innenhof haben. Hier finden dann viele gemeinsame Aktivitäten statt.

In anderen Projekten bewohnt jede Frau ein eigenes kleines Haus. Auch diese sind so angebaut, dass im Kreis der Häuser ein Hof entsteht. Im Essener Süden ist der Beginenhof in einem alten Finanzamt untergebracht. Hier haben einige der noch im Berufsleben stehenden Frauen sogar die Möglichkeit, ihr Büro oder ihre Praxis einzurichten.

Dann wiederum gibt es auch noch Beginenhöfe, in denen jede Begine ein kleines Appartement bewohnt, ähnlich einer Senioren-WG. Diese Frauen leben dann meist in einem kleineren Kreis zusammen. Die Einheit verfügt über eine Wohnküche, in der das soziale Leben innerhalb der Gemeinschaft stattfindet. Vor einiger Zeit habe ich einen Bericht gesehen, in dem eine solche Beginengemeinschaft sogar die Gemeinschaft über das Leben hinaus geteilt hat. Diese Damen hatten sich für einen gemeinsamen Baum in einem Friedwald entschieden.

Was alle diese unterschiedlichen Wohnformen der Beginen gemeinsam haben, ist das Miteinander und das Wir-Gefühl. Jede bringt sich nach ihrem Ermessen und ihren Möglichkeiten ein. Es gibt Beginenhöfe, deren Bewohnerinnen alle im gleichen »fortgeschrittenen« Alter sind, es gibt aber auch Höfe, in denen junge Frauen teilweise sogar mit ihren Kindern leben. Eine Lebensform, die von Wahlverwandtschaften und vor allem gleichen Lebensphilosophien geprägt ist. Aber eben nur für Frauen.

Wohnformen mit Betreuung

Es gibt viele Varianten des Wohnens mit Betreuung. Um zu entscheiden, welche Form für jeden Einzelnen die Richtige ist, ist es notwendig, sie zu unterscheiden.

Wie so oft im Leben ist es von uns als Individuum, unseren Ansprüchen und Erfordernissen und ja, Sie ahnen es, von unserem Geldbeutel abhängig. Das Leben im Alter wird nicht günstiger. Schon gar nicht, wenn wir uns entschließen, in ein betreutes Wohnen überzusiedeln.

Was genau heißt eigentlich »betreutes Wohnen«? In diesen Wohnformen erhalten die Bewohner wenn nötig Unterstützung, können aber weiterhin ihr Leben selbstbestimmt gestalten. Generell gilt allerdings, dass es für den Begriff des »betreutes Wohnen« keinen Schutz gibt. Das Kuratorium NRW bietet ein Qualitätssiegel an, welches genau definiert, welchen Ansprüchen diese Häuser genügen müssen. Das bedeutet allerdings nicht, dass alle Häuser über ein solches Siegel verfügen. Sehr wohl können Einrichtungen, die dieses Siegel nicht führen, gleiche oder sogar bessere Standards bieten. Sie sehen, es ist nicht einfach, durch diesen Dschungel der Angebote durchzublicken. Den Link zum Siegel finden Sie, wie viele andere weiterführende Informationen, im Linkverzeichnis am Ende des Buches.

Sehen wir uns die einzelnen betreuten Wohnformen einmal an.

Seniorenwohnsitz

In einem Seniorenwohnsitz gibt es sehr viele unterschiedlich große Wohnungen, die in der Regel in der kleineren Ausstattung über einen Wohn- / Schlaf-Bereich, eine Pantry und ein barrierefreies Bad verfügen. Je nach Größe der Wohnung hat sie oftmals auch einen separaten Schlaf- und Wohnbereich. Alle Wohnungen sind so geschnitten, dass die Bewohner bis zu einer bestimmten Pflegebedürftigkeit hier wohnen bleiben können. Auf jeder Etage gibt es eine Art »Schwesternzimmer«, wo Tag und Nacht jemand zur Verfügung steht, um im Bedarfsfall zu unterstützen. Zusätzlich zu den Wohnungen gibt es noch einen großen Gemeinschaftsraum für geselliges Beisammensein oder Feiern, aber auch für die Möglichkeit, sich dort hinzusetzen, wenn die Bewohner nicht allein in ihrer Wohnung sein möchten.

Vor einigen Jahren habe ich mir einmal ein solches Wohnprojekt näher angesehen. Eins von vielen Projekten und Häusern, die es gibt. Dieses Haus war sehr fortschrittlich. Es hatte sogar ein Schwimmbad und eine Sauna. Alles in allem war es darauf ausgelegt, schon in einem Alter dort einzuziehen, in dem für manche von uns diese Lebensform noch unvorstellbar ist. Diese Objekte sind meist als Eigentumswohnung vorgesehen.

Sollte diese Lebensform für Sie überlegenswert sein, erstellen Sie doch im Vorfeld einmal eine Übersicht mit Ansprüchen, die Sie persönlich an ein betreutes Wohnen haben. Welche Freizeitaktivitäten würden Sie zum Beispiel gerne nutzen und welche Unterstützung ist für Sie sinnvoll oder gar notwendig?

Gibt es unter Umständen eine Erkrankung, die jetzt schon signalisiert, dass Sie von dieser Wohnform irgendwann einmal in eine Pflegeeinrichtung umziehen müssen? Dann kann es sinnvoll sein, direkt nach einem Haus zu schauen, das über eine angeschlossene Pflegeeinrichtung verfügt.

Das Seniorenheim und die Senioren-Residenz

Lassen Sie uns zunächst einmal auf die Unterschiede dieser beiden Lebensformen schauen. Für viele Menschen bedeuten beide Möglichkeiten gleichermaßen, abgeschoben zu werden, endgültig zum alten Eisen zu gehören. Doch für so manchen Bewohner solcher Einrichtungen bedeutet der Umzug in ein Seniorenheim oder in eine Residenz ein Gewinn an Lebensqualität. Beginnen wir jedoch zunächst einmal der Reihe nach.

Bei einem Seniorenheim handelt es sich in der Regel um eine Einrichtung, in der alte Menschen, egal ob pflegebedürftig oder nicht, wohnen. Wir sprechen noch nicht von einem Pflegeheim, wobei es sehr viele Einrichtungen gibt, die angeschlossene Pflegeheime haben oder über entsprechende Stationen verfügen.

Im Seniorenheim wohnen Menschen, die altersbedingt Unterstützung benötigen und auch nicht mehr allein leben möchten. Hier werden gemeinsame Aktivitäten angeboten und für das leibliche Wohl wird gesorgt. In vielen Häusern gibt es allerdings auch die Möglichkeit, zum Beispiel Mahlzeiten gemeinsam zuzubereiten oder auch zu backen. Auf diese Weise werden neue Kontakte geknüpft und oftmals entstehen sogar neue Freundschaften. Es finden Gymnastik- oder

Bastelgruppen, Lesegruppen oder auch organisierte Ausflüge und kleine Konzerte in den Gemeinschaftsräumen statt.

Da diese Häuser häufig über angeschlossene Pflegeeinrichtungen verfügen, ist ein Umzug in eine Pflegeeinrichtung nicht notwendig. Ein Zimmerwechsel unter Umständen schon. Für diesen Fall ist dann ein Grad der Pflegebedürftigkeit erforderlich.

Die Bewohner beziehen hier in der Regel eine kleine Ein-Raum-Wohnung mit eigenem barrierefreiem Badezimmer. Es gibt auch Einrichtungen, die für Ehepaare, die gemeinsam in ein Seniorenheim ziehen, Zwei-Zimmer-Apartments anbieten. Für den Fall, dass einer der beiden Partner pflegebedürftig wird, sind diese Wohnungen häufig so konzipiert, dass beide weiterhin in dieser Wohnung verbleiben können.

Die Senioren-Residenz ist im Vergleich zum Seniorenheim die luxuriösere Variante. Bei den hier bezogenen Räumlichkeiten handelt es sich ebenfalls um barrierefreie Räumlichkeiten, allerdings in Form einer ganzen Wohnung. Das Umfeld ist einem Hotel sehr ähnlich. Es finden sich Annehmlichkeiten wie ein Friseur, ein Geldautomat, eine Bibliothek und oft auch ein Restaurant oder gar kleine Boutiquen. Es gibt ein Wellnessangebot und häufig auch einen festen Veranstaltungsraum mit Bühne, sodass hier Theateraufführungen und vieles mehr stattfinden können.

Sie sehen, die Leistungen sind mehr und haben natürlich auch ihren Preis. Das Prinzip ist jedoch vergleichbar mit einem Seniorenheim.

Tipp für alle Formen des betreuten Wohnens:

Wenn Sie darüber nachdenken, ob eine dieser Wohnformen für Sie infrage kommt, gibt es mehrere Fragen, die Sie sich selbst stellen sollten:

- Wie aktiv bin ich noch? Gibt es durch irgendwelche, bereits bekannte Erkrankungen schon absehbare Einschränkungen?
- Welchen Komfort wünsche ich mir? (Sport, Geselligkeit, Kultur, Betreuung, Wellness, stationärer Friseur, Kosmetik, Einkaufsmöglichkeiten etc.)
- Kann ich in dem Haus, für das ich mich entscheide, auch gegebenenfalls im Pflegefall bleiben oder muss ich mich dann neu orientieren?
- Welches monatliche Budget habe ich zur Verfügung? Für die meisten Menschen ist es in der Tat eine Frage des Geldes. Denn logischerweise ist die Höhe des monatlichen Preises am Luxus messbar.
- Schauen Sie sich mehrere Einrichtungen frühzeitig an und bekunden Sie Ihr Interesse bzw. lassen Sie sich auf eine Warteliste setzen.

Egal um welche Einrichtung es sich handelt, meistens haben alle Wohnformen lange Wartelisten. Auf einer Warteliste stehen heißt nicht automatisch, dass Sie diesen Platz auch nehmen müssen. Was jetzt aber nicht bedeuten soll, dass Sie sich wahllos überall anmelden. So etwas ergibt nur Sinn, wenn Sie schnellstmöglich einen Platz benötigen. Ansonsten suchen Sie sich ein oder zwei in Frage kommende Häuser aus und es wird sich fügen.

Pflegebedürftigkeit

Tritt der Fall der Fälle ein, und Sie werden pflegebedürftig, sind Sie im besten Fall noch in der Lage, selbst eine geeignete Unterkunft mit auszusuchen. In der ersten Dekade dieses Jahrtausends hat es viele Horrormeldungen über die Behandlung Pflegebedürftiger in den Heimen gegeben. Es wurde über Missstände berichtet und es machte sich bei vielen Pflegeplatz-Suchenden ein unwohles Gefühl breit. Seit 2009 gibt es die sogenannte Pflegeampel, die über fünf verschiedene Kriterien in den Pflegeheimen pflegebedürftige Menschen und deren Angehörige informiert:

- Medizinische Versorgung und Pflege
- Umgang mit demenzkranken und anderen gerontopsychiatrisch veränderten Menschen
- Soziale Betreuung und Alltagsgestaltung
- Wohnen, Verpflegung, Hauswirtschaft und Hygiene
- Ergebnisse der Bewohnerbefragung

Insgesamt gibt es 82 Prüf-Kriterien für die Heime. Die Häuser werden vom Medizinischen Dienst der Kranken- und Pflegekassen überprüft und bewertet. Die Ergebnisse werden anschließend öffentlich gemacht. Die Heime sind verpflichtet, diese Bewertungen an einer gut sichtbaren Stelle anzubringen.

Diese Bewertung kann Sie dabei unterstützen, einen geeigneten Pflegeplatz zu finden. Bei der Besichtigung eines Heims ist es wichtig, zu beobachten, wie das Pflegepersonal mit den Bewohnern umgeht. Hierbei gilt es allerdings auch zu bedenken, dass uns gesunden Menschen oft der Umgang mit den Ansprüchen von Pflegebedürftigen fehlt. Nicht immer erkennen und wissen wir, was den Patienten und damit auch die Pflegekraft zu einem bestimmten Verhalten veranlasst. Barbara Messer beschreibt in ihrem Buch »Mensch bleiben« humorvoll, eindrücklich und liebevoll den Umgang mit Bewohnern in Pflegeheimen bzw. Patienten von Pflegediensten.

In den Augen derer, die nur zu Besuch sind, erscheint manches vielleicht unangemessen, doch gibt es für Verhalten auf beiden Seiten immer Gründe.

Ich spreche hier selbstverständlich nicht von despektierlichem oder gar gewalttätigem Handeln, sondern vielmehr von Interventionen, die wir als Besucher nicht einordnen können. Und was hindert Sie, im Zweifelsfall einfach nachzufragen?

Die meisten Menschen haben bei der Auswahl eines Pflegeplatzes einen noch größeren Klumpen im Magen als bei der oft nur wenig leichteren Suche nach einer der vorher beschriebenen Wohnformen. Dieser Ort hat etwas Endgültiges. Die wahrlich letzte Station im Leben.

Doch genau aus diesem Grund sollte dieser Ort mit Bedacht und bewusst gewählt werden. Und auch schon dann, wenn sich die Notwendigkeit anbahnt und nicht erst, wenn der Fall eingetreten ist. Obwohl es durchaus logisch erscheint, ist mir selbst erst bei der Suche nach einem geeigneten Seniorenheim mit Pflegeeinrichtung für meine Tante erst richtig bewusst geworden, wann genau ein Platz frei wird: Wenn ein Bewohner verstirbt.

Meine Tante hat sich immer dagegen gesträubt, in ein Seniorenheim zu gehen. Als es nicht mehr anders ging, musste ich für sie entscheiden. Und Sie können mir glauben, es fiel mir nicht leicht, diese Entscheidung dann über ihren Kopf hinweg zu treffen. So könnte es auch Ihren Angehörigen gehen. Wir hatten damals Glück und bekamen kurzfristig in dem Haus, das unsere Nummer eins war, einen Platz für meine Tante. Die Zimmer waren klein, aber die Betreuung sehr liebevoll und wir konnten sogar zu Fuß hinlaufen.

Tipp:
Sagen Sie früh genug, was Sie in einem solchen Fall möchten. Und ja, warum nicht einfach mal verschiedene Häuser anschauen? Es kann auch vorsorglich sein und vielleicht tritt der Fall der Fälle überhaupt nicht ein.

Der Umzug in ein anderes Land

Viele Menschen träumen davon, ihren Ruhestand nicht in ihrer angestammten Umgebung zu verbringen, sondern irgendwo hinzuziehen, wo es Ihnen vermeintlich besser gefällt.

Mir fallen ad hoc viele Menschen ein, die diesen Traum auch umgesetzt haben. Sicherlich kennen Sie auch eine Reihe von Menschen, die in ein anderes Land ausgewandert oder nur innerhalb ihres Heimatlandes umgezogen sind.

Haben Sie auch schon einmal darüber nachgedacht, hier im tristen Deutschland alles hinter sich zu lassen und in sonnigere Gefilde zu ziehen? Ich kenne etliche, die sich schon ein wenig vor dem eigentlichen Ruhestand nach einem Häuschen oder einer Wohnung im sonnigen Südspanien umgesehen haben. Die ihr eigenes Haus hier verkauft haben oder lange darauf gespart haben, sich in Spanien ein Anwesen zu kaufen. Mit einem Finanzierungskonstrukt, dass das Haus im Todesfall an die Bank geht (Kinder oder andere Erbberechtigte waren nicht vorhanden).

Das hört sich klasse an, oder? Dort leben, wo fast immer die Sonne scheint, die arthritischen Knochen bei Weitem nicht so schmerzen, wie dort, wo das Klima (noch) sehr viele Unterschiede bzw. tatsächliche Jahreszeiten zu bieten hat. Nah am Meer, eine fantastische Blumenwelt drum herum. Oder dort, wo tatsächlich noch Schnee liegt und es nur ein kurzer Weg zum »Haushang« ist. Traumhaft!

Tja, im Fall von Sabine und Paul kamen viele Komponenten zusammen, die dieses Leben nicht sehr traumhaft enden ließen. Die Partnerschaft der beiden an sich wurde in der Zeit, in der die beiden in diesem Traumhaus wohnten, schon schnell auf eine harte Probe gestellt. Vermisste Paul doch seinen Job, die Anerkennung, die er erhalten hatte, die gesellschaftlichen Ereignisse.

Sabine fehlte auch eine sinnvolle Beschäftigung, ihre Hobbys im Kreis ihrer Freundinnen, zu denen sie allein wenig Ambitionen hatte. Den Hund hatten sie zu allem Überfluss in

Deutschland in gute Hände gegeben, da sie ihn nicht der Hitze Südspaniens aussetzen wollten. Das war bei der Anschaffung des Vierbeiners sogar schon direkt geplant worden.

Die Ehe war vor dem Aus – eine Situation, die im Freundes-Umfeld vorher niemand für möglich gehalten hätte. Und kurz bevor sie geplant hatten, wieder zurück nach Deutschland zu kommen, erlitt Sabine einen Schlaganfall, der aber viel zu spät diagnostiziert worden war. Sie kehrte als Pflegefall nach Deutschland in ein Pflegeheim zurück. Dort verstarb sie dann relativ schnell. Sie war gerade Mitte 60.

Andere Paare, die ich kenne, sehen ihre Entscheidung auszuwandern, heute sehr ambivalent. Sind sie zwar im Süden geblieben, hat es jedoch oft den Eindruck, als würden sie dennoch gerne wieder zurückkommen. Ein erneuter Umzug im hohen Alter ist jedoch sehr beschwerlich und nicht jeder neigt in seinem Wohnstil zum Purismus. Es sammelt sich schließlich immer viel Kram an. Sie versuchen, irgendwie das Beste aus der Situation zu machen, was nicht immer vollständig gelingt.

Solche Situationen lösen temporäre Unzufriedenheit aus. Dazu kommt dann erschwerend hinzu, dass Kinder, sofern vorhanden, nicht mal einfach schnell in den Flieger steigen können. Solche Besuche müssen anders geplant werden, sobald die Kinder berufstätig sind und gegebenenfalls auch eigene Kinder haben, die versorgt werden müssen. Was dann sogar bedeuten könnte, dass selbst im Fall des Falles die Kinder nicht in der Lage wären, schnell zu den Eltern zu kommen.

Wieder andere haben den Schnitt nicht so scharf gemacht. Sie haben in Deutschland eine kleine Wohnung behalten und somit immer die Möglichkeit, sich eine Auszeit von der Sonne zu nehmen und in die alte Heimat zurückzukehren, um Kinder, Familie und alte Freunde zu besuchen oder das heimische Gesundheitssystem zu nutzen.

Häufig bilden sich an den neuen Wohnorten der deutschen Rentner kleine deutsche Gruppen, deren deutsche Wohnorte sogar manchmal noch sehr nahe beieinander waren bzw. sind. Das baut natürlich eine gewisse Nähe auf und ist hilfreich, neue gleichgesinnte Kontakte zu knüpfen. Dies ist oft leicht herauszufinden, insbesondere dann, wenn der heimische PKW in das neue Land mitgenommen und nicht sofort oder gar nicht umgemeldet wird.

Das hört sich super an, ja, durchaus. Doch es hindert die Menschen häufig daran, die Landessprache zu lernen. Was mir bei etlichen Menschen, die zum Ruhestand ausgewandert sind, aufgefallen ist: Egal ob diese Menschen schon lange vorher einen zweiten Wohnsitz im Ausland hatten oder nicht, sie haben die Landessprache nicht beherrscht. Häufig auch noch nach vielen Jahren im Land nicht.

Das ist aus meiner Sicht eine Herausforderung. Möchte ich mich im Land, in der neuen Umgebung integrieren, sollte ich mich dort auch verständigen können. Was, wenn wir einmal krank werden? Die Wahrscheinlichkeit ist im Alter ja leider größer als uns lieb ist. Gut, so manch einer mag jetzt sagen oder denken, es gibt doch überall deutsche Ärzte. Das würde ich jetzt nicht unbedingt unterschreiben.

Wie also will ich mich im Krankheitsfall dann verständigen? Oftmals verstehen wir die Ärzte in unserer Muttersprache schon kaum. Und nicht immer schaffen wir es, dann mal eben schnell noch zurück nach Deutschland zu fliegen.

Wie gut beherrschen Sie die Landessprache? Sabine und Paul hatten sich vorgenommen, Sprachunterricht bei einem einheimischen Lehrer zu nehmen. Sie waren der Meinung, vor Ort würden sie die Sprache auf diese Weise sehr viel schneller und authentischer – weil es die richtige Dialektik ist – lernen. Die Idee ist vom Grundsatz her auch richtig. Doch was passierte: Unbewusst hatten sie sich für eine Gegend entschieden, in der fast alles, was für das tägliche Leben benötigt wurde, auf »Deutsch« erledigt werden konnte. Inklusive deutscher Ärzte. Sie sind über die rudimentären Sprachkenntnisse eines Touristen leider nicht hinausgekommen.

Was Sie ebenfalls bedenken sollten, wenn Sie ans Auswandern denken, ist, welches soziale Umfeld Sie denn im neuen Land haben. Wen kennen Sie alles schon? Wo können Sie einkaufen, Ihrem Hobby nachgehen? Gibt es ein nachbarschaftliches Umfeld, in dem Sie sich wohlfühlen und auch neue Freunde finden können oder schon gefunden haben? Gibt es gegebenenfalls deutschsprachige Ärzte? Was passiert, wenn das Alltags-Leben im neuen Land so ganz anders ist, als Sie es sich gedacht haben? Oder, wenn Sie plötzlich allein sind, weil der Partner oder die Partnerin verstirbt? Ja, Sie haben recht, diese Fragen sind gemein. Doch umso wichtiger ist es, sie sich zu stellen.

Der Umzug in eine andere Landesregion

Der Umzug in eine andere Landesregion ist ein nur unwesentlich weniger einschneidendes Ereignis. Vielleicht sind Sie es von Berufs wegen schon gewohnt, immer wieder mal in andere Bundesländer und Städte zu ziehen. Dann wissen Sie schon, was auf Sie zukommt.

Wenn Sie über einen solchen Wohnort-Wechsel nachdenken, gibt es auch hier sehr viel zu bedenken. Manche Fragen sind denen ähnlich, die auch für den Umzug ins Ausland Gültigkeit haben. Gut, das Thema Muttersprache ist nicht so gravierend, aber auch hier stellt sich die Frage nach dem sozialen Umfeld.

Viele Menschen, die ich kenne, die im Rentenalter in eine andere Region gezogen sind, sind meist dorthin gezogen, wo sie schon jahrelang ihren Urlaub verbracht haben. Ich habe ebenfalls schon – allerdings noch zu berufstätigen Zeiten – über einen Umzug an die Ostsee oder den Schwarzwald gedacht. Zwei Gegenden, die ich liebe. Doch wie ist dort der Alltag? Haben Sie je den Alltag in Ihrer Herzensgegend gelebt? Wissen Sie, wie es sich als Einheimischer anfühlt, wenn der Ort vielleicht gerade von Touristen überrannt wird? Denn häufig ist es ja genau eine solche Region, in die es uns zieht.

Ich erinnere mich an eine liebe Kollegin, die mir kurz vor ihrem Abschied vom Arbeitsleben stolz von ihrem neuen Haus in einem Ort im Schwarzwald erzählte. Eine Gegend, weit ab von der nächsten Stadt, mit einer relativ geringen Infrastruktur. Sie schwärmte von ihrem Haus, dass oben an einem Hang gelegen, so groß, dass immer Besuch empfangen werden könne und so weiter. So zogen sie um und nur kurze Zeit später wurde ihr Mann erst zum Pflegefall und verstarb dann. Sie kam zurück.

Andere zogen an die Ost- oder Nordsee. Dorthin, wo es ihnen im Urlaub doch jahrelang immer so gut gefallen hat. Zuvor im zweiten Wohnsitz vermeintlich den Alltag gelebt, jedoch stets nur für die Dauer eines Urlaubs. Der eine oder die anderen hatten durchaus Kontakte zu »Einheimischen« geknüpft. Dem sozialen Leben bzw. den sozialen Kontakten war die Tür bereits geöffnet. Manch einer hat dann sicherlich bemerkt, dass die Zeit im Urlaub an diesem Ort schön war und ist, der Alltag aber irgendwie doch anders ist.

Ich habe Menschen kennengelernt, die eben einen solchen Wohnort-Wechsel vollzogen haben, aber ihr neues Umfeld auch Jahre nach ihrem Umzug nicht kennengelernt hatten. Sie lebten in ihrer neuen Heimat als wären sie im Urlaub. Sie kannten die touristischen Ziele, nicht aber die Orte, die die Einheimischen besuchten.

Hier kann es sinnvoll und hilfreich sein, die neue Umgebung zu Fuß oder mit dem Fahrrad zu erkunden und nach Gruppen zu schauen, die hauptsächlich aus Einheimischen bestehen. Selbstverständlich ist es auch am neuen Wohnort möglich, ein Ehrenamt zu übernehmen. Eine der besten Möglichkeiten, die Menschen und den Ort besser kennenzulernen.

Dennoch kann es dazu kommen, dass es Sie irgendwann doch wieder in die alte Heimat zieht. Wann und warum? Meist kommt dieser Wunsch dann auf, wenn die Gesundheit ernsthaft in Frage gestellt ist und die Kinder sehr weit weg wohnen oder der Partner oder die Partnerin versterben und die Einsamkeit immer mehr um sich greift.

Beide Situationen habe ich bei meinen Recherchen vorgefunden. Mancher ist dann auch tatsächlich wieder zurückgezogen. Viel wichtiger als ein Leben in einer Herzensheimat war dann die Nähe zu Kindern oder Verwandten. Doch nicht alle wollten diesen Umzug auf sich nehmen. Die Gründe dafür waren vielfältig und oftmals spielte der finanzielle Aspekt eine gewichtige Rolle. Nicht jeder Ruheständler verfügt über eine Rente, mit der große Sprünge gemacht werden können. Ein Auskommen zu haben ist nicht das gleiche wie sich ein Bar- bzw. Aktienvermögen oder ein Immobilienvermögen zu erwirtschaften.

Checkliste:

Möchten Sie Ihren Wohnort im Ruhestand verlassen?

- Wie möchten Sie am neuen Wohnort leben?
    - Kaufobjekt
    - Mietobjekt
- Inland
- Ausland
- Sprechen Sie die Landessprache?
- Kennen Sie das Alltagsleben am neuen Wohnort?
- Haben Sie bereits soziale Kontakte am neuen Wohnort?
- Können Sie Ihr Hobby am neuen Wohnort ausführen?
- Legen Sie Wert auf kulturelle Aktivitäten und haben Sie am neuen Wohnort die Möglichkeit, diese wahrzunehmen? (Theater, Kino, Konzerte)
- Gibt es einen ÖPNV, der eine Fortbewegung ohne den PKW möglich macht?
- Wie weit lebt Ihre Familie entfernt?
- Ist es Ihnen wichtig, Ihre Familie nah bei sich zu haben?
- Möchten Sie eine kleine Wohnung am heutigen Wohnort behalten?
- Wie ist es um Pflegemöglichkeiten am neuen Wohnort bestellt? (Für den Fall der Fälle)
- Gibt es Vorerkrankungen, die bestimmte Fachärzte vor Ort erforderlich machen?
- Wie weit sind Fachärzte vom neuen Wohnort entfernt?

Fazit

Sie sehen, sich mit seinem Ruhestand zu beschäftigen, hat nicht ausschließlich etwas mit der finanziellen Vorsorge zu tun. Die Themen, die der Ruhestand mit sich bringt, sind vielfältig. Für einen erfüllten bzw. erfüllenden Ruhestand ist es genauso wichtig, sich mit all dem zu beschäftigen, was vermeintlich doch so selbstverständlich ist. Ich hoffe, dass dieser Ratgeber Ihnen Ihren Weg in den Ruhestand erleichtert und Ihnen ermöglicht, Ihren Ruhestand so zu erleben und zu gestalten, wie Sie es sich verdient haben.

Sie finden alle Checklisten auch zum Ausdrucken unter folgendem Link:
https://www.brittavonderlinden.de/downloads

Nehmen Sie sich die Zeit, nicht nur dieses Buch zu lesen, sondern sich tatsächlich auch mit den für Sie relevanten Themen zu beschäftigen. Es lohnt sich!

Sie möchten sich noch mehr mit dem Thema beschäftigen und sich mit Gleichgesinnten austauschen? Dann nehmen Sie am besten an meinem Seminar teil. Gerne auch als Paar, um sich ein paar Tage in schöner und entspannter Umgebung Ihrer Zukunft zu widmen und Ihren Ruhestand zu einem erfüllten Ruhestand zu machen.

Mit dem Code **Ruhestand21** erhalten Sie als Leser dieses Buches 15 Prozent Nachlass auf das Seminar (pro Person).

Schreiben Sie mir einfach eine Mail:
Ruhestand@brittavonderlinden.de

Ich freue mich auf Sie!
Ihre
Britta von der Linden

Danke

Ich möchte mich ganz herzlich bei meinem Mann Jürgen bedanken, der immer wieder mit viel Engagement das Manuskript gelesen und Tippfehler gefunden hat, aber vor allem auch sein Einverständnis gab, viele unserer Erfahrungen hier ungeschönt und ohne Anonymisierung preiszugeben.

Vielen Dank auch an die vielen Freunde und Bekannten, die mit ihren Beispielen dafür gesorgt haben, dass dieses Buch mit lebensnahen Erfahrungen bereichert werden konnte.

Bei den vielen Teilnehmenden, die mit ihren Fragestellungen, Ängsten und Befürchtungen, aber auch immer wieder spannenden, teils sehr berührenden Beispielen über den Ruhestand maßgeblich zu diesem Buch beigetragen haben. Letztendlich waren sie es, die mich zu diesem Buch inspiriert und angestiftet haben.

Selbstverständlich geht mein Dank auch an Laura und Sophia, die sich mit ihren Freundinnen sehr intensiv mit den Fragen zum Thema »Das Miteinander mit den Enkeln« auseinandergesetzt haben.

Ein herzliches »Dankeschön« auch an Barbara Messer, die mich mit viel Herzblut und langjähriger eigener Autorinnenerfahrung immer wieder darin bestärkt hat, mein Erstlings-Werk auf Papier zu bringen.

Last but not least gilt mein Dank Thomas Göller und Markus Miksch, die mich so geduldig begleitet haben, damit Sie dieses Buch in Händen halten können.

Hilfreiche Links

Unterstützung im Pflegefall

Allgemeine rechtliche Informationen des BMG
Pflegedienst und Pflegesachleistungen
https://www.bundesgesundheitsministerium.de/pflegedienst-und-pflegesachleistungen.html

Die vergebenen Pflegenoten sind auf folgenden Internetseiten abrufbar:

www.aok-pflegeheimnavigator.de (AOK)
www.bkk-pflegefinder.de (BKK)
www.der-pflegekompass.de (Knappschaft, LSV, IKK)
www.pflegelotse.de (vdek – Verband der Ersatzkassen)

Weitere Informationen erhalten Sie auch unter:

www.heimverzeichnis.de
(Quelle BMG, Stand Juli 2020)
www.pflege.de

Vorsorge- und Betreuung:

www.bmjv.de/SharedDocs/Downloads/DE/Service/Formulare/Vorsorgevollmacht.html
www.krankenkassenzentrale.de/wiki/vorsorgevollmacht
www.bmjv.de/DE/Themen/VorsorgeUndPatientenrechte/Betreuungsrecht/Betreuungsrecht.html

Partnerbörsen ü 50 / ü 60

Hier gibt es eine Übersicht über unterschiedlichste Single-Börsen:
www.singleboersen-aufsicht.de/kategorie/aeltere-menschen-senioren/singleboerse-ab-60-plus.php

Einige konkrete Links:

www.zweisam.de
www.lebensfreunde.de
www.bildkontakte.de
www.parship.de
www.elite-partner.de
www.datingcafe.de
www.ab-60.com
www.Ü60.de

Links zum Ehrenamt

www.ehrenamtsuche.de
www.ehrenamt.bund.de
www.ehrenamt-check.de
https://www.aktion-mensch.de/was-du-tun-kannst/deine-moeglichkeiten/ehrenamt-finden.html
www.ehrensache.jetzt
www.ehrenamtsportal.de

Links zu Lebensorten

www.fgw-ev.de Forum Gemeinschaftliches Wohnen e.V.

Wohnprojekte

www.kfw.de

www.aktion-barrierefreies-bad.de

www.deutsche-treppenlift-beratung.de

www.wunschtreppenlift.de

www.treppenlift-ratgeber.de

www.kuratorium-nrw.de/downloads.php
(Qualitätssiegel „Betreutes Wohnen“)

Literatur

- Die fünf Sprachen der Liebe, Gary Chapman
- Amor altert nicht, Elisabeth Drimalla
- Wenn Paare älter werden, Hans Jellouschek
- Mensch bleiben, Barbara Messer
- How not to die, Dr. Michael Greger
- Das große Buch vom Schlaf, Prof. Dr. med. Matthew Walker